Jürgen Gückel

Das doppelte Lieschen

125 Jahre Gänseliesel –
die meistgeküsste Göttingerin
und ihre verheimlichte
Leipziger Zwillingsschwester

VANDENHOECK & RUPRECHT

Bibliografische Information der Deutschen Nationalbibliothek:
Die Deutsche Nationalbibliothek verzeichnet diese Publikation in der
Deutschen Nationalbibliografie; detaillierte bibliografische Daten sind
im Internet über https://dnb.de abrufbar.

© 2025 Vandenhoeck & Ruprecht, Robert-Bosch-Breite 10, D-37079 Göttingen,
ein Imprint der Brill-Gruppe
(Koninklijke Brill BV, Leiden, Niederlande; Brill USA Inc., Boston MA, USA;
Brill Asia Pte Ltd, Singapore; Brill Deutschland GmbH, Paderborn, Deutschland; Brill Österreich GmbH, Wien, Österreich)
Koninklijke Brill BV umfasst die Imprints Brill, Brill Nijhoff, Brill Schöningh,
Brill Fink, Brill mentis, Brill Wageningen Academic, Vandenhoeck & Ruprecht,
Böhlau und V&R unipress.

Alle Rechte vorbehalten. Das Werk und seine Teile sind urheberrechtlich
geschützt. Jede Verwertung in anderen als den gesetzlich zugelassenen Fällen
bedarf der vorherigen schriftlichen Einwilligung des Verlages.

Umschlagabbildungen: picture alliance/dpa / Swen Pförtner (Vorderseite
oben), Archiv Familie Nisse Nachkommen (Vorderseite unten); Alciro Theodoro da Silva (vordere Umschlagklappe), Archiv Familie Colditz Nachkommen (hintere Umschlagklappe)

Korrektorat/Lektorat: Volker Manz, Kenzingen
Satz: SchwabScantechnik, Göttingen
Umschlaggestaltung: Guido Klütsch, Köln
Druck und Bindung: Beltz Grafische Betriebe, Bad Langensalza
Printed in the EU

Vandenhoeck & Ruprecht Verlage | www.vandenhoeck-ruprecht-verlage.com
E-Mail: info@v-r.de

ISBN 978-3-525-31161-5

Inhalt

Die Göttinger Bürger erstreiten sich einen neuen Brunnen...... 9

Der Berliner Künstler und sein Werk......................... 35

Die eine im Stadtzentrum, die andere im Kirchenasyl.......... 73

Die gefeierte Repräsentantin und das versteckte Kellerkind...... 113

Quellenangaben.. 141

Danksagung... 143

Die Göttinger Bürger erstreiten sich einen neuen Brunnen

Die Stadt, die Wissen schafft – Promovierte küssende Kletterer – Heißt es die oder das Liesel? – Ungleiche Zwillinge, noch ungleichere Schicksale – Wann ist ein Kunstwerk eigentlich ein Original?

Kennen sie eigentlich Göttingen? Göttingen an der Leine, die Universitätsstadt, also die Stadt, die Wissen schafft? Nein, kennen sie nicht? Nur durchgefahren im ICE oder auf der A7? Aber wenn sie Göttingen kennen, dann kennen sie das Gänseliesel. Kennt hier jeder! Und wer hier studiert hat – und das haben so viele aus aller Welt –, der hat mit Sicherheit schon einmal rund ums Gänseliesel mitgefeiert. Wer gar in Göttingen promoviert hat, der hat das Liesel sogar geküsst – wenn er oder sie klettern kann. Das muss man nämlich können, denn Liesel steht hoch oben auf dem Brunnen vor dem Alten Rathaus. Das Liesel küssen, das macht hier jeder frischgebackene Doktor. Auch die Doktorinnen. Also alle erfolgreich Promovierthabenden – um es mal zu gendern, was ja in Göttingen erwünscht ist.

Das Göttinger Gänseliesel ist das meistgeküsste Mädchen der Welt. Und das seit 125 Jahren.

Ja, so eine ist das, das Liesel. Oder heißt es »die Liesel«? Ist doch ein Gänsemädchen. »Das« sagt man doch nur in Süddeutschland, und Göttingen gehört eindeutig zum Norden. Na ja, zum Süden vom Norden.

Abgesehen davon, wo der Sprachäquator in Deutschland verläuft – »die Liesel« stimmt ja doch: Plural! Es gibt nicht nur DAS Liesel, das eine. Es gibt zwei Liesel. Das Göttinger Gänseliesel und seine Zwillingsschwester aus Leipzig. Liebreizend sind sie beide, die Meistgeküsste wie auch das Mauerblümchen. Die eine seit 125 Jahren umschwärmt und im Rampenlicht, die andere abgeschieden und unbeachtet, versteckt, verbeult und verborgen in einer Holzkiste oder unter staubigen Laken im Schuppen oder Keller. Statt auf einem Sockel und unter einem Baldachin hoch über den Köpfen der Menschen steht das zweite Liesel barfuß auf einem flachen, unbequemen Stein.

Ein doppeltes Lieschen?

Ja klar, werden die Göttingen-Kenner sagen: das eine öffentlich auf dem Marktbrunnen, das Original aber im städtischen Museum!

»Ja«, sagt dazu die Museumsmitarbeiterin, »das ist das Original.« »Nein!«, muss man ihr antworten, sie irrt. Sie kann es jedenfalls nicht sicher wissen. Auf dem Marktplatz, wo durch frisch promovierte küssende Kletterer ständige Bruchgefahr besteht, hält stellvertretend nur ein noch recht junger Nachguss dem Andrang junger Doktorinnen und Doktoren stand. Im Museumsfoyer hingegen findet sich das Liesel, das als das Göttinger Original gilt und das fast alle Göttinger bislang für das Original-Gänseliesel halten.

Doch es gibt zwei Abgüsse vom eigentlichen Original, das der Künstler einst in Gips oder vermutlich eher in Ton als Gussvorlage formte. Ein Unikum ist sie, die Museums-Liesel vom Göttinger Marktplatz, wird sie doch so oft geküsst wie keine andere – aber sie ist kein Unikat. Und schon gar kein Original. Sie ist der bronzene Abguss eines tönernen Originals, das der Berliner Künstler Paul Nisse vor 125 Jahren geschaffen und der Stadt Göttingen als vermeintliches Unikat verkauft hat.

Und dann – nein, sogar schon vorher – hat Nisse heimlich einen zweiten Guss von seiner tönernen Arbeit anfertigen lassen und damit einem bronzenen Mauerblümchen das Leben geschenkt, dessen aufregendstes Erlebnis in 125 Jahren es war, dass es nach dem Bombenhagel auf Leipzig 1945 auf einem Schrottlaster der russischen Armee zwischen Blecheimern, Zaungittern und verbeulten Stahlhelmen landete und den siegreichen Soldaten nur beschädigt wieder abgeschwatzt werden konnte, um sodann für Jahrzehnte im Kirchenasyl zu verschwinden.

Die Göttinger Zwillingsschwester hingegen machte vom ersten Tag an Karriere. Sie ist zum Liebling der Studierenden und aller Göttinger geworden, sie hat Studenten zu allerlei Schabernack verleitet, hat mit der ganzen Küsserei und dem Streit darum, ob das denn in aller Öffentlichkeit nicht anrüchig sei, Rechtsgeschichte geschrieben. Das Göttingen-Liesel wurde zum Vorbild unzähliger Mini-Kopien, und inzwischen gibt es auch ein Liesel-Fake in einer Europa-Wunderwelt in Japan. Sie ist zum Reiseandenken für die Besucher der Stadt und zur Märchenfigur geworden, obwohl ein Märchen für sie erst erfunden werden musste. Sie gibt einem Wein, einem Stadtfest und einem Wohnquartier den Namen. Und sie ist seit 125 Jahren weltbekanntes Wahrzeichen ihrer Heimatstadt.

In Leipzig hingegen, der Heimatstadt ihrer Zwillingsschwester, weiß bis heute niemand, in welchem Garten das Gänsemädchen samt Gans und Gösseln einst versteckt war, wo es sich in der DDR-Zeit verbarg und in welchem Keller das Leipziger Mauerblümchen-Liesel heute sein Dasein fristet.

Fangen wir also ganz vorn an, um das Schicksal der ungleichen Zwillingsschwestern ein wenig zu erhellen. Blicken wir gut 125 Jahre zurück und dem Künstler über die Schulter und sehen …

… im Hinterhof seines Berliner Ateliers ein junges Mädchen, das die Gänse hütet.

Leipziger Gänseliesel im Kirchenasyl: Im Garten hinter dem Gemeindehaus der St. Andreas-Kirchengemeinde wurde der älteste Guss des Nisse-Kunstwerkes während der DDR-Zeit versteckt. Foto: privat/ Repro: Gückel

Fast immer mit Blumenschmuck: Das Göttinger Gänseliesel unter gusseisernem Baldachin. Foto: Christina Hinzmann

Atelier am Stadtrand von Berlin – Herr Nisse ist »ein sehr bedeutendes künstlerisches Talent« – Von Kunst zu leben ist nicht einfach – Ein Sohn erinnert sich der Gänsekinder

Wir befinden uns jetzt also in Berlin-Wilmersdorf, Würzburger, Ecke Augsburger Straße. Damals gleich neben der Post. Der Breitscheidplatz und die Gedächtniskirche – beide schon Charlottenburg – sind nicht weit. Kaufhaus des Westens und Wittenbergplatz gleich nebenan. Hier brodelte in den wilden Zwanzigern das Berliner Künstlerleben, hier pulsierte Westberlin zu DDR-Zeiten. Aber wir müssen weiter zurückblicken – 1897 oder 1898. Damals war hier noch Stadtrand. Die Augsburger Straße wurde erst seit 1887 angelegt und reichte vom Kurfürstendamm bis zur Eisenacher Straße. Ein junger Künstler versuchte zwischen emporwachsenden Neubauten und den Resten ländlicher Idylle in seinem Atelier eine Zukunft aufzubauen und davon – seine Frau war schließlich eine Bürgerliche – die Familie zu ernähren. Mit Letzterem ist er gescheitert, aber das können wir jetzt noch nicht wissen. Denn über den Bildhauer Paul Nisse, den Schöpfer des Gänseliesels, ist öffentlich wenig bekannt.

Friedrich Paul Nisse, geboren am 31. Januar 1869 in Halle an der Saale, stammte aus einer Kaufmannsfamilie. Von 1886 an besuchte er Kunstschulen und Akademien in Leipzig, Dresden, Karlsruhe, München und schließlich Berlin, wo er 1894 Mitarbeiter des etablierten und renommierten Künstlers Professor Ferdinand Hartzer wurde, der ihn später entscheidend fördern sollte.

In seinem Atelier jedenfalls versucht der seit 1896 verheiratete Künstler, der mit seiner Ehefrau Meta, geborene Hanke, im Jahr 1900 den Sohn Thilo und ein Jahr später Tochter Melanie bekommen wird, die von seinen Professoren in ihn gesteckten hohen Erwartungen zu erfüllen. Ein »sehr bedeutendes künstlerisches Talent« hatte 1891 Professor Voltz von der Großherzoglichen Badischen Kunstschule ihm attestiert. Und Bildhauer-Kollege Carl Scherrers hoffte 1894 auf eine »bedeutende Zukunft« des »ebenso strebsamen wie befähigten Künstlers«.

Aber von seiner Kunst zu leben ist nicht so einfach. Zwar wachsen überall in Berlin und in den großen Städten stattliche staatliche Gebäude, großbürgerliche Villen und selbst architektonisch anspruchsvolle Industriebauten, die in dieser Gründerzeit über und über mit Skulpturen, Figuren und Ornamenten verziert sind, aber die Konkurrenz ist groß. Rückblickend wird Paul Nisse ein halbes Jahrhundert später über diese seine Anfangsjahre recht resigniert berichten. Der Kunstmarkt für Bildhauer, so wird er sinngemäß klagen, sei in dieser Zeit von einem Klüngel wenig talentierter, aber gegenüber den Auftraggebern offenbar geschickter und gewissenloser als er auftretender Kollegen weitgehend belegt gewesen.

Dass er diesem Künstler-Klüngel seinen wichtigsten Auftrag, sein später bekanntestes Werk – jedenfalls das Berühmtwerden dieses Werkes – zu verdanken hatte, konnte er 1898 noch nicht ahnen, als er da in seinem Atelier die Nachbarskinder beobachtete. Denn so ganz regelkonform wird es auch bei der Ausschreibung des Göttinger Marktbrunnens nicht zugehen – zum Glück für den sorgengeplagten Bildhauer. Und auch für die Göttinger. Davor hatte der arme Künstler ja schon alles versucht und 1896 gar bei »Sr. Majestät, dem Kaiser und König« nachgefragt, wie er denn als bildender Künstler an Aufträge bei Staatsbauten kommen könne. Eine Antwort hatte er vom »Ministerium des geistlichen Unterrichts und medizinaler Angelegenheiten«

Der Künstler in seinem Atelier: Paul Nisse, aufgenommen etwa in der Entstehungszeit des Gänseliesels. Familienarchiv Nisse, Repro: Gückel

am 3. September durchaus erhalten – allerdings eine ausweichende. So saß er also sinnierend im Garten seines Ateliers …

Und da war es: das Gänsemädchen. Noch namenlos. Ein junges Kind aus der Nachbarschaft, das die Gänse hütete. Federvieh wurde auch in der aufstrebenden Metropole von der ärmeren Bevölkerung noch gern gehalten. Und die Kinder mussten seit jeher auf das gefiederte Eigentum achten. Da steht nun also das Mädchen anmutig im knielangen Kleid, die Träger verrutscht, die Schultern bloß, die Haare zum Dutt gebunden. In der einen Hand hält es die Gans an den Flügeln gefasst, in der anderen den Korb mit den halbwüchsigen Gösseln. Und der Künstler machte sich ans Werk …

Woher wir das wissen?

Von Thilo Nisse, dem Sohn. Der war noch nicht geboren, als das Gänsemädchen in Gips oder Ton im Atelier des Vaters seine Form annahm. Das war ja mutmaßlich schon 1897. Aber später, nachdem sich die Eltern hatten scheiden lassen und Thilo als kleiner Junge den Vater im Atelier immer wieder besuchte, habe auch er die Nachbarskinder noch beim Gänsehüten gesehen. Er habe im Atelier des Vaters oft seine Hausaufgaben gemacht und die Gänse beobachtet. Das erzählte er später – selbst schon im hohen Alter – seinen Töchtern. Und deshalb ist man sich in der Familie sicher, dass so, und nur so, das Gänseliesel entstanden sein muss.

Schon wieder vorgegriffen! Das können wir doch noch gar nicht wissen, denn die Hinterbliebenen von Paul Nisse zu finden, wird nicht einfach werden. Aber so viel steht fest: Das Gänsemädchen gibt es schon, als man sich im fernen Göttingen überlegt, den Marktbrunnen zu erneuern und dafür einen Künstlerwettbewerb auszuschreiben. Nun also zurück nach Göttingen!

Dankeschön an zwei Gänseliesel-Biografen – »Loupe und Mikroskop« – Göttingen mangelt es an Kunstwerken – Dem Herrn Nisse klingeln die Ohren

Wie kommt man in einer stolzen Universitätsstadt wie Göttingen auf die Idee, ein bescheidenes Kind vom Lande in den Mittelpunkt der Stadt zu stellen? Direkt vors Rathaus, wo einst ein »grosser Brunnen auf dem Marckte« stand, der im Jahr 1568 für 140 Reichstaler »zum Nutzen und Zierde der Stadt, durch Meister Leonhard Hügel angeleget« wurde? Ein Brunnen mit einem Gänsemädel – nicht etwa, wie in anderen Städten üblich, ein Reiterstandbild, die Statue eines Herrschers oder einer Geistesgröße, die sich in der alten Universitätsstadt durchaus in nennenswerter Zahl hätten finden lassen? Nicht einmal ein Brunnen mit gekröntem Löwen und Stadtwappen, der an das alte Vorbild, den Göttinger Löwenbrunnen, erinnert und daran, dass einst die Welfen, Nachfahren Heinrichs des Löwen, Göttingen das Stadtrecht gaben?

Ehe wir nun in die Entstehungsgeschichte des Göttinger Wahrzeichens einsteigen, müssen wir bekennen: Das wurde schon alles aufgeschrieben – zweimal sogar. Da gibt es einerseits einen Sonderdruck des Göttinger Jahrbuches aus dem Jahr 1967 von Dr. Günther Meinhardt, der sich auch mit der Geschichte der Georg-August-Universität Göttingen eingehend befasst hat. Meinhardt schrieb »Die Geschichte des Göttinger Gänseliesels« (*1) auf, ohne von einer Zwillingsschwester in Leipzig auch nur etwas zu ahnen. Die zweite Gänseliesel-Biografin hingegen,

Göttingens Stadtarchivarin Helga-Maria Kühn, konnte hier auf ganz privates, familiäres Wissen zurückgreifen. Ihr Vater, einst Pfarrer der St.-Andreas-Gemeinde in Leipzig, war 40 Jahre lang Hüter des Leipziger Liesels. Und so verfügte Helga-Maria Kühn, als 1994 ihre Arbeit »Vom Löwenbrunnen zum Gänseliesel« (*2) erschien, über gesicherte Kenntnis der Existenz einer Zwillingsschwester. Deren Entstehungsgeschichte freilich war damals noch kein Thema. Das Leipziger Gänseliesel wird bei Kühn erwähnt, ihr Schicksal aber nicht genauer untersucht. Das muss nicht verwundern, schließlich ging es in beiden Werken einzig um das meistgeküsste Mädchen der Welt. Die beiden Standardwerke über das Göttinger Gänseliesel aber sind so ausführlich, dass sie für uns die Grundlage der weiteren Geschichte des Göttinger Brunnens bilden werden – freilich nicht ohne deren Originalquellen im Stadtarchiv Göttingen und im Archiv des Göttinger Tageblattes jeweils nochmals überprüft zu haben. Wir haben beiden Autoren also zu danken für die reiche Vorarbeit, aus der wir nun schöpfen dürfen. Wenn eines der beiden Werke zitiert wird, wird das im Text kenntlich gemacht. Wo sich die beiden Autoren unterscheiden oder widersprechen, ebenso.

Zurück zu den Anfängen: Damals, im letzten Jahrzehnt des 19. Jahrhunderts, sprudelte nur noch eine »geschmacklose Fontäne« vor dem Rathaus. So schrieb es im Oktober 1894 Ex-Oberbürgermeister Georg Merkel in einer Art Denkschrift »Zur Frage des Marktbrunnens in Göttingen«. Der aktuelle Brunnen sei eben »nur ein provisorischer Nothbehelf für den verfallenen früheren Löwenbrunnen«. Die einzige Erinnerung an diesen Löwenbrunnen bot Heumanns Kupferstich »Prospect des Großen Marktes« aus dem Jahr 1747, auf dem eine winterliche Szene mit Pferdeschlitten und Brunnen zu sehen ist. Zu diesem heißt es in den städtischen Archiven: »Aus dem Reinsbrunnen wird das Wasser durch Röhren in den Schwanenteich und weiter aus ihm in diesen Brunnen geleitet. Das Wasser steiget in der Mitte dieses Brunnens durch einen artigen steinernen Pfeiler ziemlich hoch in die Höhe und stürzet durch acht Pfeifen beständig in das Bassin herunter. Oben auf diesem Pfeiler stehet ein nach dem Rathaus hinschauender gekrönter Löwe, welcher das Stadt-Wappen in den Klauen hält.« 1873 hatten es Magistrat und Bürgervorsteher abgelehnt, die Reste dieses längst verfallenen Brunnens, der damals vor allem als Pferdetränke diente, durch ein Kriegerdenkmal zu ersetzen. Der städtische Verschönerungsverein wiederum drängte,

Der Große Markt mit Löwenbrunnen: Ein Kupferstich aus dem Jahr 1793 zeigt eine Winterszene vor dem Rathaus. Foto: Stadtarchiv

seinem Namen getreu, auf eine Verschönerung des Marktplatzes. Georg Merkel beauftragte schließlich den Universitätszeichenlehrer Peters damit, den alten Kupferstich mit »Loupe und Mikroskop« zu erforschen und eine Vorlage zur Rekonstruktion des Löwenbrunnens zu schaffen. Doch es kam anders. »Unschön und mit geringer Kunst erstellt«, urteilte 1888 der angesehene Göttinger Germanist Prof. Dr. Moritz Heyne in seiner von Merkel erbetenen Stellungnahme über den putzigen Löwen auf schlichtem Sockel, den Peters präsentierte. Diesem Urteil schloss sich Merkel selbst an. Und doch wollte er vom Löwenbrunnen lange Zeit nicht lassen. 1894, nun schon im Ruhestand, griff Merkel das Thema Löwenbrunnen erneut auf und veranlasste Stadtbaurat Heinrich Gerber, einen ungleich ansehnlicheren Löwenbrunnen nach Vorbild des gleichnamigen Wiesbadener Brunnens zu entwerfen.

Gerbers Entwurf passte besser zum gotischen Stil des Rathauses, nicht aber zur aktuellen Kassenlage. Gerade mussten der Jacobikirchturm und das Rathaus renoviert werden, und der Verschönerungsverein sowie »Freunde des Unternehmens« hatten bisher auch erst 1000 Reichsmark gesammelt, so dass noch 5000 Reichsmark zu den geschätzten Kosten eines Brunnenneubaus fehlten. Selbst der Ex-Bürgermeister war hin- und hergerissen: »Man muss also von einem kostbaren monumentalen Bau absehen«, schrieb er, um auf der nächsten Seite seines Aufrufs vorzurechnen, dass selbst dann, wenn man einfach nur den Wiesbadener Brunnen kopiere, eben mit mindestens 6000 Mark zu rechnen sei. Die allerdings dürften sich zusammenbringen lassen, glaubte Merkel, so dass Göttingen »binnen Jahresfrist im glücklichen Besitze dieses langersehnten Bauwerkes inmitten seines herrlichen Marktplatzes sich befinde«.

Aber die Reaktionen auf Gerbers Entwurf waren gemischt. Künstler wie der aus Nörten-Hardenberg stammende Dresdner Bildhauer Heinrich Wedemeyer, der sich später auf Merkels Bitte mit gleich zwei alternativen Entwürfen bewarb und der von einem »Mangel an Kunstwerken in Göttingen« schrieb, wandten sich gegen die Idee, den Wiesbadener Brunnen zu kopieren. Sein eigener Entwurf »Alma mater«, eine säugende Mutter als Sinnbild der geistig nährenden Universität, erntete indes rasch öffentlichen Spott, und der Universitäts-Chronist Günther Meinhardt sprach 1967 in seiner »Geschichte des Göttinger Gänseliesels« von einer »Ausgeburt von Scheußlichkeit«. Auch dürften sich dafür, dass aus dem Brunnen dann doch nur Wasser fließe, »die vier Fakultäten der Universität wohl bedanken«, hieß es in einem Leserbrief der Göttinger Zeitung.

Nun also begann die Diskussion öffentlich zu werden. Man möge für den geplanten Brunnen doch nicht »mit gothischer Plastik kommen«, stand am Nikolaustag 1894 im Heimatblatt. Und weiter: »Niemand, für den die Kunst etwas Lebendiges ist, und der sie nach ihrer innerlichen Wirkung und Bedeutung schätzt, möchte wünschen, daß die Freiheit und Unmittelbarkeit des künstlerischen Ausdrucks unter der Übersetzung in einen altertümlichen Geschmack verkümmerte.«

Das Bürgertum also gab sich kritisch. Nochmals nur ein Provisorium auf dem wichtigsten städtischen Platz wollte man nicht. Damit war eine Replik des Löwenbrunnens ebenso vom Tisch wie Gerbers Wiesbaden-Kopie und ein Jahr später auch Wedemeyers Vorschläge. Alle Pläne waren zuvor öffentlich (Kunsthandlung Wunder, Weender Straße) ausgestellt worden, darunter auch das Modell des Göttinger Bildhauers B. Niemeyer (Weinhandlung Bremer), dessen Entwurf, ein schwertschwingender Ritter mit Stadtwappen auf hoher Säule, gleichfalls Spott auf sich zog: Eine »Phantasierüstung« sowie heraldische

Fehler im Stadtwappen attestierte ein »waffen- und wappenkundig bewanderter Leser« in einem Leserbrief dem Niemeyer-Vorschlag.

So viel bürgerschaftliches Engagement – das gab den Stadtvätern zu denken. Wenn schon ein neuer Marktbrunnen, dann sollte es keine einsame Entscheidung im Rathaus sein. So weit, die Bürger zu befragen, wollte man aber auch nicht gehen. Eine öffentliche Ausschreibung, quasi ein Künstlerwettbewerb für einen neuen Marktbrunnen, sollte nun für Ideen sorgen, entschied der Magistrat. Dafür bewilligten die städtischen Kollegien am 26. Oktober 1897 eine Bausumme von 15.000 bis 18.000 Mark. Immerhin hatte man sich zwischenzeitlich dazu durchgerungen, nun jährlich eine Summe aus dem Haushalt für die geplante Umgestaltung des Marktplatzes zurückzulegen. Außerdem fand sich ein fachkundiger Berater: Prof. Dr. Ferdinand Hartzer, Bildhauer aus Berlin. Er war der Stadt Göttingen durch zahlreiche seiner Werke bereits eng verbunden und sollte den Wettbewerb nun leiten sowie – auf eigenen Wunsch – dem siebenköpfigen Preisrichtergremium vorsitzen.

Ob dem Hartzer-Protegé Paul Nisse in Berlin schon die Ohren klingelten? Bestimmt! Schließlich hatte sein Chef drei Jahre vorher noch über ihn in einem Zeugnis geschrieben, er, Nisse, besitze »ein ebenso feines wie künstlerisches Verständnis wie außerordentliche Technik in der Durchbildung der Formen«. Und in einem Empfehlungsschreiben für Nisse hatte der Professor den derart Gelobten 1896 als »Lehrer an der Kunstschule« empfohlen. Er werde die Stelle »nach jeder Richtung vorzüglich ausfüllen«, denn »seine Arbeiten haben mir in der Auffassung wie Darstellung gleich gut gefallen, ebenso ist er auch nach der ornamentalen Seite erfahren«. Hartzers Lobesworte hatten Nisse zwar nicht zu einer neuen Anstellung verholfen, aber in Göttingen ...?

Paul Nisse jedenfalls würde sich bewerben.

An Personenkult fehlt es Göttingen nicht – 200 Kühe in der Hufgängerzone – Gänsehüten gehört zum Straßenbild

Die Göttinger Bürger hatten sich durchgesetzt: Eine Rekonstruktion des alten Löwenbrunnens hatten sie ebenso verhindert wie eine neuerliche, in Stein und Bronze gepresste Lobhudelei auf Bildung und Wissenschaft in Form eines Alma-mater-Brunnens, wie Wedemeyer ihn vorgeschlagen hatte. Sie hatten genug von Gotik-Repliken und Wissenschaftsverehrung. Natürlich ging es in einer Stadt, in die seit Jahrhunderten Hochgestellte aus dem ganzen Königreich ihre Söhne zum Studium schickten, in erster Linie um die Universität, um Bildung, Wissenschaft und Geistesgrößen. Bildhauer Hartzer, der nun der Jury vorsaß, wusste es besser als jeder andere: Er hatte 1889 das Wöhler-Denkmal erschaffen, hatte ein Jahr später die Göttinger Genies Gauß und Weber durch ein neues Denkmal geehrt, hatte für die Georgia-Augusta unzählige Bildnis-Büsten ihrer Gelehrten geschaffen, und schließlich war er gerade dabei, den Merkelstein fertigzustellen, der 1897 den ausgeschiedenen Oberbürgermeister anlässlich seines 85. Geburtstages unvergesslich machen sollte. Mochte Göttingen auch arm an Kunst sein, an Personenkult fehlte es in diesen Jahren nicht.

Dabei war Göttingen um 1900 herum eigentlich ganz anders – es war noch immer eine Ackerbürgerstadt. Wer sich nicht allein durch den Wissenschaftsbetrieb nährte, und das waren zwar viele, aber nicht die Mehrheit, der betrieb haupt- oder nebenberuflich Landwirtschaft. Man bewirtschaftete Felder und Wiesen, baute Getreide, Kartoffeln und Gemüse an, hielt Vieh in den Ställen hinter den städtischen Fachwerkfassaden, trieb täglich Kühe, Schafe und Gänse durch die Weender Straße. Und natürlich diente der Brunnen vor dem Rathaus noch immer und auch künftig dazu, Pferde und Rinder zu tränken. Auf rund 200 Kühe – morgens raus, abends rein in die Stadt – schätzt die Geschichtswerkstatt das tägliche Aufkommen an Großvieh in der Innenstadt, also dort, wo heute die Fußgängerzone ist. An Ackerbürger aber, an Gänsemägde und Hirtenjungen, also an die Mehrheit der Göttinger, erinnerte nichts im künstlerischen Erscheinungsbild der Stadt. Sie waren einfach da – leibhaftig.

Und weil sie so selbstverständlich waren, dachte wohl zu dieser Zeit noch niemand daran, dass schon längst ausgerechnet ein Stadtkind aus dem fernen Berlin Modell gestanden hatte für einen Brunnen, der den schlichten und bescheidenen Nachwuchs einer Göttinger Ackerbürgerfamilie ehren würde. Zunächst gab es noch einige ganz andere Vorschläge.

Programm fürs Preisgeld gibt es nur portofrei – Herrn Barlach trifft keine Schuld, dass niemand seinen Roland entartet nennen konnte – Göttingens schutzgöttlicher Genius aus Gips geht verloren – Die Alten entscheiden ganz in ihrem Geiste – Bauernmädchen gehören nicht unter einen Baldachin

Allzu viele Bedingungen gab es nicht, aber eine wurde gleich zweifach genannt: »Portofrei« müssten die Entwürfe eingesandt werden, und auch das genaue »Programm« der Ausschreibung könne nur gegen »portofreie Einsendung von 2 Mark« verschickt werden. Die Stadt gab sich also kostenbewusst, als sie am 8. Februar 1898 ihren »Wettbewerb« für einen »vor dem hiesigen Rathause zu errichtenden monumentalen Brunnen« auslobte. Monumental sollte er also schon sein, aber portofrei eingesandt. Auch die Preisgelder von 600, 400 und 200 Reichsmark nahmen sich in Anbetracht einer geschätzten Bausumme von bis zu 18.000 Mark recht bescheiden aus. Und noch eine Bedingung: Die Künstler mussten Angehörige des Deutschen Reiches sein. Bis 1. Juni 1898, 12 Uhr mittags, hatten sie ihre Entwürfe einzureichen.

Das Interesse war groß und spiegelte sicher den heftigen Wettbewerb unter Bildhauern und künstlerisch orientierten Architekten wider. 106 Baumeister und Bildhauer forderten Unterlagen, 92 von ihnen kündigten ihre Teilnahme an, und etwa die Hälfte von ihnen lieferte auch pünktlich Skizzen, Zeichnungen und die geforderten Modelle. Von den schließlich 46 ernsthaften Bewerbungen kamen viele aus Berlin, einige aus Göttingen, weitere aus München, Dresden, Hamburg und Hannover, sogar eine aus Posen. »Man darf also das Urteil fällen, dass der Wettbewerb in fast allen Künstlerkreisen Deutschlands Beachtung fand«, schrieb Meinhardt. Und da es keine Einschränkung hinsichtlich des Fachs der Künstler gab, bewarben sich auch etliche Architekten, teils in Zusammenarbeit mit bildenden Künstlern. Die Namen der Baumeister und Bildhauer waren wohlklingend, wenngleich auch noch nicht alle sehr bekannt. An Position 45 der Entwurfsliste etwa rangiert ein noch junger Künstler aus Hamburg-Altona: Ernst Barlach, damals gerade erst 27 Jahre alt und noch längst nicht der künstlerische Visionär, als der er uns heute gilt.

»Zu jeder Kunst gehören zwei, einer, der sie macht, und einer, der sie braucht«, sagte 20 Jahre später eben dieser Ernst Barlach. 1898 jedenfalls konnten die Göttinger mit seinem »Roland« nichts anfangen, hatte Barlach es doch versäumt, rechtzeitig ein Modell seines lediglich als Skizze vorliegenden Entwurfes mit einzureichen. Im Protokoll der Jurysitzung vom 21. Juni hieß es später, es seien »die Entwürfe No. 43 ›Götterdämmerung‹, No. 45 ›Roland‹ und No. 46 ›St. Jürgen‹ nicht vollständig programmgemäß, weil teils nicht im vorschriftsmäßigen Maßstabe, teils ohne Modell nur in Zeichnung dargestellt, von dem Wettbewerb ausgeschlossen« worden. Und so ist also Ernst Barlachs Frühwerk, dem Göttinger Roland, das Schicksal vieler Barlach-Werke, die in der Nazizeit als »entartet« galten und versteckt werden mussten, erspart geblieben. Barlachs »stehender, geflügelter Genius auf einem Sockel, mit Schwert und Schild« konnte weder von der Jury noch von der Göttinger Öffentlichkeit je wahrgenommen und von den Nazis demnach auch nie als entartet verfemt werden. Nummer 24 aber, der Vorschlag des Architekten Stöckhardt und des Bildhauers Nisse, blieb in dieser Hinsicht auch nach 1933 unverdächtig – es war ja nur ein einfaches Gänsemädchen aus dem Volk.

Dabei war es einfach Pech für Barlach. Das Modell, dessen Fehlen von der Jury aber moniert wurde, gab es ja schon und war eigens für Göttingen geschaffen worden. Die etwa 60 Zentimeter hohe Gipsplastik, von der sich in der Barlach-Lizenzverwaltung in Ratzeburg immerhin noch ein Foto findet, war auch abgeschickt worden, aber nicht rechtzeitig angekommen. Wo Barlachs Gipsplastik blieb, ist unbekannt. Ohnehin waren logistische Probleme mit dem Wettbewerb verbunden. »Der weitaus größte Teil der Modelle war so umfangreich, daß die Göttinger Speditionsfirmen Mühe hatten, die schweren Kisten vom Güterbahnhof zur Union zu befördern, ohne sie zu beschädigen«, schrieb Meinhardt. Die »Union«, das war damals das Göttinger Gesellschaftshaus – heute würde man Stadthalle dazu sagen.

Bekannt ist in Ratzeburg auch, was sich Barlach bei der Gestaltung seines Roland vorgestellt hat: »... derselbe ist in einer Höhe von 5 Metern gedacht und zeigt auf der aus einem Becken herausragenden gotischen Säule einen über Sicherheit und Ruhe der Stadt wachenden schutzgöttlichen Genius mit Schwert und Schild. Dieser kann als eine Art Rolandstatue aufgefasst werden, wie sie früher auf den Marktplätzen deutscher Städte errichtet wurden ...«, heißt es in einem Taschenbucheintrag des Künstlers – offenbar das Konzept seines Briefes an die Wettbewerbsjury. Wo der für Göttingen vorgesehene Gipsentwurf verblieben ist, weiß heute niemand. Und er wurde nie gegossen. Die Lässigkeit und Ruhe des geflügelten Kämpfers, dem neben seinem Schild ein Fantasievogel (Seeadler? Kormoran?) zu Füßen sitzt und der sein Schwert nicht schwingt, sondern es, sich seiner Macht bewusst, auf der Schulter trägt, wurde 20 Jahre später in einem der wichtigsten Barlach-Werke vom Künstler wieder aufgenommen: »Der Geistkämpfer« in Kiel, wenngleich er dort fünf Meter hoch über eine Wölfin herrscht, ähnelt doch sehr dem geflügelten Schwertträger, der in Göttingen nie ankam. Und auch woher die Idee stammt, die Barlach in Göttingen gern umgesetzt hätte, ist leicht nachzuvollziehen: Das Kupferstich-Kabinett der Hamburger Kunsthalle bewahrt zwei Barlach-Zeichnungen aus dem Vorjahr, nämlich 1897 (»Friedrichsroda, d. 20. Juli 1897«). Sie sind also im Thüringer Wald entstanden und zeigen jeweils einen geflügelten Roland mit Schwert und Schild an der Seite eines großen, stolz erhobenen Raubvogels. Die detailreichere Kohlezeichnung ist unten rechts sogar beschriftet mit »Entwurf zum ...«, der Rest ist durch Beschneidung des Blattes weggefallen. »... Wettbewerb in Göttingen« kann da nicht gestanden haben – der Künstlerwettbewerb für den Marktbrunnen wurde erst ein Jahr später ausgeschrieben.

46 Entwürfe also, dabei alle von Männern: Darüber zu entscheiden hatte eine siebenköpfige Jury, der neben Prof. Hartzer von der Berliner Kunstakademie noch der Berliner Bildhauer Prof. Ernst Gustav Herter, der Architekt Prof. Stier, der »Geheime Baurath« Murray aus Hannover, Bürgermeister Calsow, Stadtvorsteher Worthalter Brand sowie Stadtbaurat Gerber angehörten. Als die Jury wie vereinbart am 21. Juni 1898 im Saal des Gesellschaftshauses Union zusammenkam, fehlte allerdings einer: der Vorsitzende selbst. Hartzer war erkrankt. Er hatte zwar darum gebeten, die Entscheidung bis zu seiner Genesung zu verschieben, die Mehrheit hatte aber nicht warten wollen und berief den Ordinarius für Kunstgeschichte an der Georg-August-Universität, Prof. Robert Vischer, zum Ersatzmann.

Nun wurde gesiebt: Drei Entwürfe schieden wegen nicht eingehaltener Wettbewerbsbedingungen aus – sie galten als nicht vollständig; darunter war auch wie erwähnt der Entwurf Ernst Barlachs. Zwölf Entwürfe kamen in die nähere, schließlich sieben in die engere Auswahl. Und wie entschied die ausschließlich mit schon betagten männlichen Honoratioren besetzte Jury? Ganz im Geiste der Alten!

Gewonnen, aber doch nicht verwirklicht: Sieger des Göttinger Marktbrunnen-Wettbewerbs wurde der Tugendbrunnen »Im Geiste der Alten«.
Repro: Stadtarchiv

Genau so und ganz ohne Ironie lautete auch der Titel des preisgekrönten Entwurfes: »Im Geiste der Alten«, ein protziger, zweistöckiger Brunnen mit einem hohen spätgotischen Spitzturm, der dominierend vier Figuren zeigt, die die Tugenden verkörpern sollen, und über ihnen wappentragende Löwen. Dieser hochaufragende Brunnenturm errang den ersten Platz, hatten doch nach Meinung der Jury K. Mehs und H. Jehs unter der Nummer 41 einen ausgewogenen Entwurf vorgelegt, dessen »mit künstlerischer Feinheit ausgebildete Bauformen« am besten zum Stil des alten Rathauses passten. »Ein typisches Erzeugnis der wilhelminischen Gotik«, heißt es dazu bei Meinhardt.

Auch dem ganz anders gearteten »Gänsemädchen« des Architekten Heinrich Stöckhardt und des Künstlers Paul Nisse, beide aus Berlin und der eine einst Mitarbeiter des erkrankten Juryvorsitzenden, fiel sofort viel Sympathie zu, »weil seine Gesamtmasse und namentlich die Hauptform des Baldachins die großen Flächen des Rathauses angenehm beleben würde« und »auch die freie Behandlung der Architectur ein wünschenswerter Übergang von dem strengen Stile des Rathauses (...) bildet«. Zu Nisses Werk heißt es: »Auch die Figur des Gänsemädels fand bei diesem Theile der Jury als anmutige Plastik großen Beifall.« Ohne die Namen der Bewerber zu kennen, platzierte die Jury diesen Entwurf dennoch nur auf Rang zwei. »Die Majorität der Jury«, so heißt es in der »Beurtheilung«, habe jedoch bei diesem Entwurf zu bemängeln, dass »die Architectur des Brunnens sich mehr an diejenige des Rathauses anschließen« müsse, auch sei »das Sujet eines Gänsemädels nicht originell genug und namentlich für die Überdachung durch einen Baldachin nicht bedeutend genug«. Ein herrschaftlicher Baldachin für ein noch namenloses Bauernmädchen – das galt den auf Rangunterschiede zwischen Volk und Elite bedachten Akademikern als Unding, zumal in einer Universitätsstadt!

Der mit 200 Mark bedachte Platz drei ging schließlich an den Entwurf »Die Quelle«. Dahinter verbarg sich, nur leicht verändert, jener Entwurf, mit dem der in Dresden lebende Wedemeyer aus Nörten vier Jahre vorher schon einmal gescheitert war. Unter dem Namen »Reinsquelle« zeigte das Modell zwei nackte Knaben, die am Fuß eines klobigen Turmes aus einer Quelle Wasser schöpfen. »Diese Gruppe«, so Prof. Vischer in seinem Gutachten, »ist höchst lebensvoll komponiert; sie trägt den Stempel einer frischen Gestaltungskraft, von der etwas

Ungewöhnliches, wirklich Monumentales zu erwarten wäre.« Zu monumental für den ersten Platz, empfand die Jurymehrheit, und der zur Fratze einer Greisin verzerrte Turm sei doch zu wuchtig geraten.

Nun war also entschieden – die siegreichen Modelle wurden öffentlich ausgestellt, dort, wo auch die Jury geurteilt hatte, im Saal der Union. Alle hätten zufrieden sein können. Alle? Nicht der in Berlin krank darniederliegende Juryvorsitzende und nicht die Göttinger Öffentlichkeit.

Gänse liegen in der Luft – Herr Bismarck treibt Schabernack am Brunnen – Herr Honig backt kleine Brötchen und schreibt lustige Texte – Wie Göttinger Mastgänse zur Gabe Gottes werden

Um die Reaktion der Göttinger auf den Juryentscheid einordnen zu können, müssen wir eine Besonderheit berücksichtigen: Göttingen ist und war keine Gänsestadt – jedenfalls nicht mehr oder weniger als andere deutsche Städte. Es gab damals weder eine Sage noch ein Märchen, das Göttingen und seinen Gänsen huldigte. Auch war Göttingen kein Rom, das der Legende nach einst durch das Geschnatter der Gänse gerettet wurde. Ikonografisch wird der Gans auch erst Jahre später bei Hans Thoma Bedeutung beigemessen. Und es ist auch nicht anzunehmen, dass an der Leine damals mehr Gänse lebten als in anderen Städten. Schließlich gab es, wie man ja am Beispiel des Nisse'schen Ateliers am Berliner Stadtrand erkennen kann, keinen Grund, das Südhannöversche mit einer an Federvieh besonders reichen Provinz gleichzusetzen. Die Gans war ganz normal zu jener Zeit, sie wurde allenthalben als Haustier gehalten und zu Martini oder Weihnachten ihrer Bestimmung zugeführt. Zwar wurden hier wie auf jedem Markt im Frühjahr Gänseküken zum Kauf angeboten, die in den Ställen der Bürger bis zum Herbst in Richtung Schlachtreife gefüttert wurden, aber die Gans zum Stolz der Stadt auszurufen wäre vor dem Wettbewerb wohl niemanden eingefallen.

Und doch hatten gleich drei der Brunnenentwürfe Gänse zum zentralen Gegenstand ihrer Visualisierung. Gänse, so Meinhardt, hätten damals »irgendwie in der Luft gelegen«. So hatte etwa der Kunstformer Karl Trotzke aus Berlin in seinem Entwurf einen Torwächter vorgesehen, der eine Schar schnatternder Gänse abwehrt. Und Leopold Armbruster aus Dresden hatte auf dem Brunnen des Architekten Heino Otto ein »Gänselies'l« platziert, von dem wir aber heute nicht mehr wissen, wie es aussah; einzig in der Kladde von Stadtbaurat Gerber gibt es noch Notizen zu diesem Entwurf. An dieser Stelle taucht der Name »Liesel« übrigens erstmals im Zusammenhang mit der Göttinger Brunnenfigur auf, auch wenn hier ein ganz anderes, nicht Nisses Gänsemädchen gemeint ist. Dessen Gänsemagd sollte ohnehin erst Jahre später getauft werden.

Das Aussehen von Armbrusters »Lies'l« liegt also im Dunkeln. Dafür ist eine andere Idee – immerhin mit realem historischem Hintergrund – noch per Zeichnung verbürgt: der Entwurf eines Bismarck-Brunnens. Auch ein solcher Plan wurde zum Wettbewerb eingereicht. Helga-Maria Kühn zufolge ist der Künstler unbekannt, Günther Meinhardt hingegen schreibt auch diesen Vorschlag Karl Trotzke zu: Die Zeichnung zeigt Otto von Bismarck als jungen Göttinger Studenten, der offensichtlich am Brunnen Schabernack treibt. Das historisch Reale daran wird im Bismarckhäuschen auf dem Göttinger Wall bezeugt, wo noch heute die Tür jenes Karzers (Universitäts-Gefängnis) zu sehen ist, dessen Gast der spätere Reichskanzler in seiner Göttinger Studentenzeit (Mai 1832 bis Oktober 1833) einmal war.

Zurück zu den Göttinger Gänsen: Die waren nach dem Brunnen-Wettbewerb plötzlich in aller Munde. Dafür hatte einer gesorgt, der sonst eher kleine Brötchen buk: Ernst Honig. Der Kommunalpolitiker und Bäckermeister hatte sich nach seinen Wanderjahren in der Weender Straße selbstständig gemacht und begonnen, nach dem Alltag in der Backstube lustige Geschichten aus dem alten Göttingen zu schreiben. Das literarische Original der Stadt, »Schorse Szültenbürger«, Erzähler »vergnügter Geschichten aus dem alten Göttingen«, ist seine Erfindung. Gern griff Honig auch mit Leserbriefen – oft anonym oder nur als »H.« – in die öffentlichen Diskussionen ein. Ihm wird auch jener Leserbrief – oder war es ein nur mit »H« gekennzeichneter redaktioneller Beitrag? – zugeschrieben, der am 7. Juli 1898 in der Göttinger Zeitung humorvoll gleich alle prämierten Brunnenentwürfe verwirft und für einen hohen Turm plädiert, auf dem ein schwertschwingender Handwerksmeister den Sieg über Otto den Quaden feiert. Obwohl unschwer als Scherz erkennbar, ging Altbürgermeister Merkel in einem eigenen Leserbrief darauf ein und brachte nun wieder seinen alten Löwen-

brunnen ins Spiel. »Hierauf hatte Honig nur gewartet«, schreibt Meinhardt und verweist auf eine abermalige Antwort. Im nächsten Leserbrief bricht Honig nun eine Lanze für das Gänsemädchen. Die bisher in Göttingen stehenden Denkmäler von Geistesgrößen wie den Physikern Weber und Gauß, dem Dichter Gottfried August Bürger oder das Standbild König Wilhelms IV. gingen die normalen Bürger doch eigentlich gar nichts an. Ein Gänsemädchen aber habe die Möglichkeit, populär zu werden. Immerhin würden auf dem Wochenmarkt zu Füßen der

Nachgebessert, um Höhe zu gewinnen: Mehrmals musste Architekt Stöckhardt den ursprünglichen Entwurf (Links) des Brunnens verändern, um auf die geforderten 5,50 Meter Höhe zu kommen. Repros: Stadtarchiv

neuen Brunnenfigur jetzt wie auch in Zukunft berühmte Göttinger Erzeugnisse verkauft. Auf Göttinger Platt schreibt Honig: »Chöttinger Mastchänse, die aane chute Chabe Chottes sind«.

Die Gans flatterte also weiter durch die Denkmal-Diskussion.

Ein kranker Juryvorsitzender grämt sich – So hässliche alte Weiber gibt es gar nicht – Bäckermeister kritisiert Konditorarbeit – Ein höchst originelles Figürchen – Vertragsunterzeichnung in der Sommerfrische

Die Jury hatte entschieden; ihr Vorsitzender aber grämte sich auf seinem Krankenlager. Wenn er dabei gewesen wäre, wäre das nicht passiert. Kollege Herter war nach Berlin zurückgekehrt und hatte den noch immer maladen Juryvorsitzenden über den Ablauf und die Entscheidung informiert, noch ehe diese protokolliert war. Nun versuchte Prof. Hartzer für seine Favoriten Stöckhardt und Nisse zu retten, was zu retten war. Die Entscheidung der Jury sei falsch, schrieb er am 24. Juni 1898. Einzig der Entwurf von Stöckhardt und Nisse dürfe zur Ausführung kommen. Dem habe sich nunmehr auch Kollege Herter angeschlossen. Wörtlich heißt es: »Herter machte mir gegenüber keinen Hehl daraus, dass, je mehr er nachträglich darüber nachdachte, je mehr Bedenken ihm kämen, wenn der mit erstem Preis bedachte Entwurf zur Ausführung käme.« Und er wird konkret: »Ich würde mich riesig freuen, wenn es noch möglich wäre, den Beschluss der Jury dahin abzuändern, dass der zweitprämierte Entwurf zur Ausführung käme«, schrieb Hartzer. Ein spontaner Besuch der beiden Berliner Künstler wenige Tage später bei Bürgermeister Calsow und schließlich die öffentlichen Reaktionen auf die Entscheidung brachten bald auch diesen ins Zweifeln.

Denn die Göttinger Bürger reagierten erneut heftig: Eine Kopie des Wiesbadener Brunnens hatten sie verhindert, jetzt sollte ein Bauwerk geschaffen werden, das allzu sehr an den bekannten »Schönen Brunnen« in Nürnberg erinnerte, in Pracht und Größe aber diesem gegenüber doch stark abfiel. In dem Honig zugeschriebenen Zeitungsbeitrag über die alsbald folgende Ausstellung der Modelle im Saal der Union heißt es zum Siegerentwurf: »Gegenüber dem ernsten wehrhaften Rathaus will mir ein Modell, das mit dem ersten Preise ausgezeichnete, absolut nicht passen. Mit Recht nannte ein Besucher der Ausstellung es ein Zuckerbackwerk aus Conditorhänden. Mir will diese schwächere Nachahmung des schönen Brunnens in Nürnberg mehr als Sacramentenhäuschen erscheinen mit vier Heiligen in den Nieschen«. Zum drittplatzierten Wedemeyer-Entwurf: »Und nun erst dieser Klumpen des Brunnenkörpers«, und weiter: »solche häßlichen alten Weiber

Der Göttinger Marktplatz samt Gänselieselbrunnen heute: So hatte einst schon Ernst Honig das bunte Markttreiben rund ums Liesel beschrieben.
Foto: Stefan Rampfel

giebt es in Wirklichkeit gar nicht, soll man denn sein lebelang auf dem Marktplatze eine derartige Ausgeburt von Hässlichkeit anschauen?« Doch auch mit dem Gänselieselbrunnen setzt sich der Text kritisch auseinander: »Ja! - glaubt man denn in den Mittelpunkt der Stadt, angesichts eines Rathhauses von solchem Ernst, von solcher Geschichte ein Gänsemädel stellen zu dürfen? Noch dazu unter einen Baldachin! Gewiß, das Mädel an und für sich, und auch die Laube, wenn man nicht Baldachin sagen will, sind sehr schön – aber beides zusammen – paßt nicht, am wenigsten in den Mittelpunkt der Stadt! Wohl würde es auf einem Nebenplatze, umgeben von Marktgewühl, eine passende und ausgesuchte Zierde sein.« Insgesamt fand aber letztlich seitens der Öffentlichkeit dann doch das zweitplatzierte Modell die größte Anerkennung – dank Honigs vorausgegangener PR-Arbeit für die »Chute Chöttinger Mastchans«.

Am 11. September schickte Hartzer eine weitere ausführliche Stellungnahme aus Berlin, an deren Rand Calsow sich notierte: »Die Kritik wird auf meinen Wunsch abgegeben.« Wer sich durch des Professors Sütterlin-Handschrift gequält hat, bekommt ein flammendes Plädoyer für das Stöckhardt/Nisse-Werk und damit für das liebreizende Gänsemädchen geboten. Die erst- und drittplatzierten Entwürfe tat Hartzer mit wenigen, nicht sehr schmeichelhaften Worten ab. Zum Siegerentwurf schrieb er: »An sich wäre die Skizze sehr reizvoll, passte eher nicht auf den Platz. Herter berichtete, dass der pyramidale Brunnen« sowie seine Brunnenfiguren »leider nicht gelungen« seien. Diese »würden sich dekorativ machen, sind aber schon zu oft dagewesen«. Und der drittplatzierte Entwurf sei »eine schwache Leistung, über die ich nichts sage.«

Einzig die Gänsehüterin favorisierte er. Dieser Entwurf habe »in dem Gänsemädchen gerade für den Marktplatz mit seinem regen Verkehr ein so künstlerisch reizvolles Motiv, wie ich es mir günstiger gar nicht denken kann. Das Figürchen ist höchst originell erfunden und wird gewiss in Bronze ausgeführt auf alle, auf die vom Lande Hereinkommenden wie auf dem Markt Einkaufenden durch den Humor und durch die Frische der Empfindung Eindruck machen. Auch die Zusammenstellung der Materialien: Bronze für das Figürchen, Schmiedeeisen für den Baldachin und Sandstein für den Brunnen, wird malerisch schön wirken.« Der Juryvorsitzende weiter: »Ich sowie mein Kollege Herter haben sich für die Ausführung dieses Entwurfes ausgesprochen, und schließe ich mich durchaus an.« Auch sparte Hartzer nicht mit Lob auf seinen Schützling: »Der Bildhauer Nisse ist den Herrn in Göttingen noch unbekannt; ich kann ihn aber als durchaus tüchtigen Künstler aufs wärmste empfehlen. Zugleich verspreche ich, falls ihm die Ausführung übertragen wird, die Arbeit während ihres Entstehens überwachen zu wollen. Das Comité kann sicher sein, ein gutes Kunstwerk zu erhalten.«

So viel Lob verfehlte seine Wirkung nicht: Bürgermeister Calsow schien ohne viel Zögern überzeugt, denn er bat Nisse um ein nochmals überarbeitetes Modell, das man ausstellen könne, und den Architekten um eine genauere Spezifizierung des Brunnenbeckens. Dennoch dauerte es bis zum 14. März, ehe die endgültige Entscheidung fiel: Magistrat und Bürgervorsteher beschlossen, dass der zweitplatzierte Entwurf ausgeführt werden sollte. Die öffentliche Stimmung war schon vorher in Richtung »Gänsemädchen« gekippt – spätestens zu dem Zeitpunkt, als die vorgeschlagene Figur in der Weender Straße für alle im Schaufenster zu sehen war. Nisse hatte ein überarbeitetes Modell geschickt, das ab Anfang März 1899 im Schaufenster der Wunder'schen Kunsthandlung ausgestellt wurde. Und auch die Besprechung dieses Entwurfes in der Göttinger Zeitung am 11. März fiel sehr freundlich aus. Wahrscheinlich, meint Meinhardt, hatte erneut Ernst Honig die Finger im Spiel, denn der Zeitungsbericht in der Rubrik »Eingesandt« führte anonym all jene Gedanken auf, die Honig schon im Vorjahr zu Gunsten der Gänsemagd angeführt hatte.

Als sich dann drei Tage später der Magistrat der öffentlichen Meinung anschloss und die Entscheidung traf, machte sich Ernst Honig erneut, diesmal öffentlich als Kommunalpolitiker in den Städtischen Kollegien, für das Gänsemädchen stark: Nicht der Siegerentwurf, sondern der zweitplatzierte sollte realisiert werden. Ein »Vertrag für die Herstellung des Marktbrunnens in Göttingen« wurde erarbeitet, und mit dem Entwurf fuhr der Bürgermeister am 18. April 1900 nach Berlin, wo er sich in der Woltersdorfer Schleuse bei Erkner, einem damals überaus beliebten Ausflugslokal, quasi der Sommerfrische der Berliner, mit dem Architekten und dem Bildhauer traf. Gleich nebenan wohnte damals der Architekt. Dessen Korrespondenz ziert der Zusatz »Villa Stöckhardt, Woltersdorfer Schleuse, Erkner«.

Das Ergebnis des Treffens war ein Vertrag – verfasst in Schönschrift, aber nicht besonders inhaltsreich. Zur Brunnenfigur, dem »Gänsemädel«, enthielt er einzig die Festlegung, sie müsse »im echten Bronzeguss ausgeführt« sein, und »die Abnahme der Figur im Tonmodell erfolgt im Atelier von Herrn Bildhauer P. Nisse durch die Herren Bürgermeister Calsow, Herrn Geh. Regierungsrat W. Voigt, beide Göttingen«. Laut einer Magistratsnotiz kam es dann am 22. bis 25. August tatsächlich dazu, während die Unterzeichnung des Vertrages bereits am 6. Mai erfolgt war – sozusagen die Ratifizierung durch den Auftraggeber. Hier nun waren Einzelheiten des Verhandlungsstandes mit dem Architekten zu lesen: Zum Festpreis von 18.000 Mark sollten der Architekt Stöckhardt und der Bildhauer Nisse bis zum 1. Oktober des Jahres 1900 den Marktbrunnen »fix und fertig übergeben«. »Solidarisch«, so heißt es im Vertrag, und »in gewissenhafter Weise« sollten sie ihn ausführen: die Brunnenfigur als Bronzeguss, die baldachinartige Brunnenlaube aus schmiedbarer Bronze in mittelalterlicher Kunstschmiedetechnik, für die Brunnenschale legte man »kristallinischfesten warmröthlichen Wünschelburger Sandstein« und für den Stufenunterbau »buntgrünlichen Beuchaer Granit« fest. Einzig der genaue Standort war im Vertrag noch nicht festgeschrieben. Um den musste noch gerungen werden – und wie!

Der Berliner Künstler und sein Werk

Zierliches Mädchen oder Walküre – Achteckige Plinthe muss erst angepasst werden – Erstguss im Ursprungszustand

Zurück zur Hauptperson, zum Gänsemädchen! Oder besser, zu den Gänsemädchen-Zwillingen. Wir wissen bereits, es werden zwei identische Bronzefiguren aus Nisses tönernem Original gegossen. Aber wann und warum? Wann genau ist die Geburtsstunde jener lebensgroßen Figur, die heute Wahrzeichen Göttingens ist? Und welche der beiden Figuren ist älter – für welche wurde also zuerst die Bronze geschmolzen und in Form gebracht? Diese Fragen werden im Zusammenhang mit dem Standort-Streit und dessen Folgen noch eine Rolle spielen.

Künstler Nisse selbst und sein Architekt werden dabei mit widersprüchlichen Aussagen für Verwirrung sorgen. Am 23. Juli 1900 war in der Göttinger Zeitung zu lesen, Stöckhardt und Nisse hätten aus Berlin mitgeteilt, die Bronzefigur sei bereits fertiggestellt. Beide wollten damit Forderungen aus Göttingen beggnen, die krönende Brunnenfigur müsse größer ausgeführt werden als geplant, weil sie sonst auf ihrem hohen Sockel zu klein wirke. Eine Notlüge? In Meinhardts Gänseliesel-Geschichte liest sich das so: »Die Künstler wollten aber die zierliche Figur retten, denn sonst wäre ja aus dem Mädel eine Walkürengestalt geworden. Manche Bürger konnten sich noch nicht von dem so lange propagierten Monumentalbrunnen trennen, die zarte anmutige Gestalt des ›Gänseliesels‹ erschiene ihnen einfache zu winzig im Vergleich zu dem massigen Bau des Rathauses.«

Aber war die für Göttingen vorgesehene Bronzefigur im Sommer 1900 wirklich schon gegossen? Wie verträgt sich das mit der Meldung aus Berlin, die erst am 20. April 1901 in der Zeitung stand? Dort wird berichtet, Nisse habe die Bronzefigur »inzwischen fertiggestellt« – zehn Monate später als zuvor berichtet, »also erst jetzt und nicht, wie der Künstler im Vorjahr behauptet hatte, schon im Juli 1900 gegossen«, vermerkte Meinhardt in seiner Gänseliesel-Arbeit.

Vielleicht stimmt beides! Immerhin gibt es zwei Gänseliesel. Nur: Welches ist die Erstgeborene?

Und ist das Original, nach dem beide Bronzen gegossen wurden, überhaupt erst im Auftrag der Stadt Göttingen entstanden? Könnte es nicht sein, dass Paul Nisse schon Monate, gar Jahre vorher in seinem Berliner Atelier jene Tonfigur fertiggestellt hatte, die er später als verkleinertes Modell der Stadt für ihren Brunnen-Wettbewerb anbot und die auch als lebensgroße Mädchenfigur längst ausgeformt war, als er im Sommer 1900 behauptete, das Gänsemädchen sei schon fertig? Sie war es vielleicht wirklich schon – stehend auf einem niedrigen Sockel, einer sogenannten Plinthe, die einem flachen Feldstein nachempfunden ist. Zum Wettbewerb wurde in Göttingen eine verkleinerte Kopie eingereicht, die wie ein Bozzetto – ein kleiner erster Entwurf – wirken musste, in Wahrheit aber nur das fertige Original im Kleinformat zeigte. Das später für Göttingen gegossene Gänseliesel aber musste noch dem Unterbau des Brunnens angepasst werden und einen achteckigen, etwas höheren Sockel bekommen – das Piedestal über der Brunnenschale, das Architekt Stöckhardt entworfen hatte, war nun einmal achteckig.

Schon im Vorfeld konzipierte und bisweilen auch ausgeführte Werke anzubieten war nicht außergewöhnlich – schon gar nicht in einem Wettbewerb, der das Thema des Brunnens bewusst offen ließ. Die Künstler boten an, was ihnen bereits Kreatives eingefallen war und was sie teils bereits ausgeformt hatten. Auch Ernst Barlach, ein Jahr jünger als Nisse, hat es zu dieser Zeit nicht anders gemacht. Auch er beteiligte sich an vielen Wettbewerbsausschreibungen – manchmal mit bereits vorher ausgeformten Ideen, wie hier beim Göttinger Wettbewerb der Roland zeigt. Das Kunstwerk für den Göttinger Marktplatz sollte ja keine thematisch festgelegte Auftragsarbeit sein; so hatten es die Stadtväter gewollt. Dennoch durften sie eigentlich damit rechnen, am Ende ein Unikat zu erhalten. Nisse scheint das anders gesehen zu haben. Und vielleicht wollte er ja auch nur seine erste großes Skulptur, quasi sein Meisterwerk, im Ursprungszustand in Bronze gegossen sehen und es für sich selbst behalten, ehe es, etwas umgestaltet, in Göttingen öffentlich wurde? Das wäre ihm nicht zu verübeln. Dass seine finanzielle Not spätestens nach der Familiengründung so groß werden würde, dass er den Erstguss zu Geld machen musste, oder er einfach der Versuchung erlag, mag er noch nicht geahnt haben.

Es spricht also viel dafür, dass das tönerne Original schon fertig war, als sich Stöckhardt und Nisse in Göttingen bewarben. Deshalb konnte ihr Fürsprecher Prof. Hartzer auch leicht versprechen, dass »das Comité sicher sein« könne, ein »gutes Kunstwerk« zu erhalten – und setzte sich in Göttingen entsprechend für dieses ein, da er das fertige Werk seines Protegés längst kannte.

Wenn es so war, dann ist auch sicher, dass erst die Zwillingsschwester auf ihrer flachen Plinthe in Bronze gegossen wurde, danach erst das Göttinger Liesel mit seiner angepassten achteckigen Bodenplatte. Belege für diese These werden noch zu suchen sein. Zeit genug für die Umgestaltung hatte Nisse ja, schließlich stritt man sich in Göttingen noch munter, wo genau der neue Marktbrunnen denn stehen sollte. An die versprochene Übergabe zum 1. Oktober 1900 war nicht mehr zu denken.

Herr Noack steckt seine Gardinen an und trägt ohnmächtige Mitarbeiter aus dem Keller – Freundschaftlicher Verkehr am Gießofen – Warum das Rütteln am Gänseliesel etwas über seine Herkunft verrät

Jetzt kommt die Gießerei ins Spiel. Vielleicht ist hier zu erfahren, welche Liesel-Figur als erste der Form entschlüpfte. Die Rede ist von der Berliner Bildgießerei Noack. Die war erst 1897 gegründet worden, just als das leibhaftige Gänsemädchen mutmaßlich Modell stand. Nisses lebensgroßes Bronzewerk sollte 1899 und 1900 einer der ersten großen Aufträge am neuen Gießereistandort Friedenau werden. Angefangen hatte Gießereigründer Hermann Noack zwei Jahre vorher mit seiner Bildgießerei in einer Hinterhofwerkstatt in Berlin-Wilmersdorf. Er war gerade aus Amerika zurückgekommen, wo er als junger Montageleiter am kolossalen Washington-Monument mitgewirkt hatte. Noack, zwei Jahre älter als Paul Nisse, entstammte einer Töpferfamilie und hatte schon als Kind Erfahrungen mit der Kraft des Feuers gemacht. Die Firmenchronik zur 125-Jahr-Feier beginnt mit der Schilderung, wie er als junger Mann in seiner Küche versucht, Metall zum Schmelzen zu bringen: »… und so steht der tatkräftige Elan der Gründerjahre mit am Ofen, feuert ihn an, bis die Funken fliegen – und die Gardine brennt.«

Der heutige Firmenchef heißt zwar immer noch Hermann Noack, nun aber in dritter Generation. Aus dem kleinen Hinterhofbetrieb ist ein renommiertes Unternehmen geworden, das in seiner Geschichte für weltberühmte Künstler arbeitete – darunter Fritz Klimsch, August Gaul, Georg Kolbe, Käthe Kollwitz und Ernst Barlach, später aber auch internationale Größen wie Henry Moore, Georg Baselitz, Jonathan Meese oder Tony Cragg. Aufzeichnungen über die Aufträge der Anfangsjahren hat die aktuelle Firmenleitung für ihre Chronik aber nicht vorlegen können. Die später als akribisch geltenden Aufzeichnungen über bei Noack gegossene Kunstwerke, so die Firmenauskunft, setzten erst Mitte des ersten Jahrzehnts des 20. Jahrhunderts ein. Nur die Arbeitsbedingungen der Anfangsjahre nach den missglückten Küchenexperimenten sind in der Chronik festgehalten: »Gegossen wird im Keller, und wie gewohnt packt der junge Firmengründer tatkräftig mit an – auch dann, wenn Mitarbeiter in den ungelüfteten Räumen regelmäßig in Ohnmacht fallen, sobald das 1400 Grad Celsius heiße Schmelzwasser Dämpfe und Gase freisetzt. Noack trägt die Arbeiter die Kellertreppe hinauf an die frische Luft. Keine Frage: Feuer ist das Element des Firmeninhabers. Es ist ihm gleichsam in die Wiege gelegt worden. Während andere Schulkinder schliefen, stand der kleine Hermann des Nachts am Brennofen der väterlichen Töpferei und sorgte dafür, dass die Flammen nicht ausgingen.«

Aufzeichnungen über die Gänseliesel-Güsse? Fehlanzeige! Als einziges großes Werk aus den ganz frühen Jahren sind die beiden monumentalen Leuchter für den prunkvollen Lichthof des 1898 errichteten Berliner Kaufhauses Wertheim am Leipziger Platz bekannt, deren schiere Größe über mehrere Stockwerke wohl den Umzug in die neue Gießerei nach Friedenau notwendig machte und die dem jungen Unternehmer Noack allein 3500 Reichsmark einbrachten. Da war eine rund 120 Zentimeter hohe Bronzefigur des unbekannten Bildhauers Paul Nisse nichts Besonderes – zumal der darbende Künstler in den Anfangsjahren sicher nicht die finanziellen Mittel hatte, seine Werke auf eigene Kosten in Metall gießen zu lassen. Soweit bekannt, war ja das Gänsemädchen Nisses erster Bronzeguss. Dennoch müssen zu dieser Zeit gute Beziehungen zwischen den fast gleichaltrigen Männern bestanden haben. In der Familie Nisse wird später berichtet, dass der Vater stets mit Respekt über seinen Gießer Noack gesprochen habe.

Und so könnte der Satz, den Fritz Klimsch im Namen seiner Künstlerkollegen der Berliner Sezession in einer Betrachtung über den Werkstattcharakter der Gießerei in ihrer Gründerzeit schrieb, durchaus auch von Nisse stammen: »Wir konnten uns mit der Gießerkunst vertraut machen: Wachsausschmelzung, Sandform und Zieselieren. Noack war also richtig unser Lehrer, und es entspann sich ein lebhafter, freundschaftlicher Verkehr zwischen ihm und uns.«

Aber wie weit ging die Freundschaft? Könnte es sein, dass der Gießer dem noch mittellosen Künstler eine Bronze goss, noch ehe dieser sein erstes Geld aus dem Göttinger Auftrag erhalten hatte? Immerhin war ein zweiter Guss gesichert – der des offiziellen Gänsemädchens, das auf dem Göttinger Marktplatz stehen sollte. Oder hat der Gießer zunächst den Göttinger Auftrag und danach erst den Freundschaftsdienst erledigt, dann aber mit überarbeiteter Plinthe? Wie war das technisch möglich?

Wir wissen nicht, ob die beiden Liesel in Wachsguss- oder Sandguss-Technik entstanden, ob die Berliner Gießerei damals schon wie Rodin in Paris mit Gelatineformen experimentierte, mit der mehrere Güsse von einem Modell möglich waren, oder ob traditionell mit verlorener Form gearbeitet wurde. Grundsätzlich, so Gießermeister Timur Hepting aus dem Hause Noack, seien auch bei einem Sandguss mehrere Bronzegüsse nach einem Modell in Gips oder Ton möglich. Ob man denn den Originalguss einmal kräftig rütteln könne? Wenn sich aus dem Innern noch Sandkörner lösen, sei das ein Beweis für den Sandguss. Erfahrungsgemäß seien Sandkörnchen vom Guss auch nach hundert Jahren noch zu finden.

Das 90 oder 100 Kilo schwere Gänseliesel anheben und rütteln, um den Sand rieseln zu lassen? Im Göttinger Museum? Das machen weder die Museumsleitung noch die Versicherung mit, abgesehen davon, dass eine Kunstspedition mit Kran anrücken müsste. Und wo die Zwillingsschwester sich versteckt, das wissen wir ja auch noch nicht. Hat sie denn überhaupt einen Noack-Stempel, hinten rechts an der Plinthe? Oder ist sie ohne Hinweis auf die Gießerei, also eher heimlich, jedenfalls nicht offiziell bei Noack gegossen worden? Aus welcher Gießerei stammt sie eigentlich? »Wenn ein Werk editiert (fortlaufend nummeriert) ist, dann sind mehrere Güsse üblich«, heißt es auf Anfrage offiziell aus dem Hause Noack. »Aber von einem zweimaligen Guss als Original haben wir noch nichts gehört.«

Seit 1901 von den Göttingern für das Original gehalten: Zweitguss von
Paul Nisses Gänsemädchen, seit 1990 im Städtischen Museum Göttingen.
Foto: Städtisches Museum Göttingen

Da müssen Kunstexperten schmunzeln. Das mag heute so gelten, aber früher …? Und es ist vielleicht bei bekannten Künstlern so – zumindest wenn alles glatt läuft. Bei Nisse aber war gerade das nicht der Fall. Der wartete im Jahr 1900 noch immer auf die Abnahme des Bronzegusses, während sich sein Partner, Architekt Stöckhardt, mit den Göttingern um die Größe des Brunnens und dessen Standort stritt. Schon Gänseliesel-Biografin Helga-Maria Kühn formulierte es so: »Die Akten geben hierzu keine Auskunft, auch nicht darüber, ob es die jüngere oder durch die Verzögerung der Brunnenfertigstellung in Göttingen die ältere Schwester ist, die sich, allerdings ohne Baldachin, auf einem im Jugendstil gestalteten Kalksteinsockel stehend bis zum Ende des Zweiten Weltkrieges in Privatbesitz befand.« An dieser Stelle irrt Kühn, die es freilich ohne jene Dokumente, die sich erst viel später bei Nisses Nachfahren finden werden, nicht wissen konnte. Und zur Ehrenrettung auch des Künstlers selbst sei gesagt, dass er das zweite Gänseliesel nicht für den Privatbesitz einer Leipziger Industriellenfamilie, also nicht für den sofortigen Verkauf gießen ließ. Er wollte sein Meisterwerk offenbar so in Bronze verwirklichen, wie er es geschaffen hatte, nicht, wie es der achteckige Göttinger Brunnen erforderte. Was lag näher, als das Original gießen zu lassen, ehe das Tonmodell für den Göttingen-Guss angepasst werden musste? Verkaufen, wenn es finanziell nötig wurde, konnte er den Erstguss ja immer noch. Damals waren fast alle großen Kunstausstellungen Verkaufsschauen. Und Nisse nutzte sie, wie wir noch sehen werden.

Auch bei dem Kollegen Ernst Barlach lief es nicht immer so, wie man es erwartete. Barlach-Experten wissen von zahlreichen nicht offiziellen Nachgüssen seiner Werke. Aber das war in diesem Fall ein Glück: Nur so waren die von den Nazis als entartet gebrandmarkten und eingeschmolzenen Werke des Künstlers nach 1945 reproduzierbar – darunter übrigens auch der Geistkämpfer in Kiel, dessen einst Göttingen zugedachtes Vorbild »Roland« in der Post stecken blieb.

Nur eines wäre Barlach wohl nicht eingefallen: sich sein Werk in Bronze zu gießen, um es für sich selbst zu gehalten. »Dafür hatte er in den Anfangsjahren überhaupt nicht die Mittel«, sagt Dr. Magdalena Schulz-Ohm, Geschäftsführerin der Ernst Barlach Stiftung in Güstrow. Und davon habe sie auch noch nie gehört, dass ein Künstler einen Zweitguss anfertigen lässt, um ihn sich ins Atelier zu stellen. Auch seien Zweitgüsse von Barlach-Werken nie von dem Bildhauer selbst veranlasst gewesen. Das passiere allenfalls einmal, wenn ein Guss misslingt oder ein Künstler sich zu sicher ist, dass das Werk so abgenommen wird, wie das Gipsmodell gestaltet ist. Im Göttinger Fall war es eben so, dass Architekt und Auftraggeber nach dem Erstguss auf die achteckige Plinthe bestanden – was einen Zweitguss erforderlich machte. Dann ist das Liesel auf flachem Stein also tatsächlich der Erstguss. Dass er diesen noch zu Geld machen würde, um damit nach Amerika zu reisen, konnte Nisse 1900 oder 1901 noch nicht ahnen.

Ein beleidigter Künstler verspricht sein Bestes – Eine hölzerne Attrappe wird hin und her geschoben – Herr Stöckhardt hat bei der Höhe gemogelt – Herr Nisse ist zu voreilig – Der Architekt besteht auf acht Ecken

Warum ging es denn nun nicht weiter in Göttingen? An Paul Nisse lag es nicht. Der war ohnehin außen vor. Er hatte sich alle Mühe gegeben, beim Besuch nach der Juryentscheidung in Göttingen auf die Stadtväter einen guten Eindruck zu machen. Die aber wandten sich an den ungleich älteren Mitstreiter, Architekt Stöckhardt. Der war schon 54 und galt dem auf Zuverlässigkeit bedachten Bürgermeister Calsow als der Erfahrenere. Und außerdem wollte sich der Verwaltungschef in der Marktbrunnen-Frage offenbar nicht mit gleich zwei Künstlern herumschlagen. Eine richtige Entscheidung, wie sich noch zeigen würde. Der Architekt sollte sein alleiniger Ansprechpartner sein. Der empfindliche Nisse reagierte darauf fast beleidigt, hatte er doch seinen Triumph, dass nämlich sein Gänsemädchen realisiert werden sollte, nicht etwa offiziell von der Stadt, sondern lediglich über Kollegen Stöckhardt erfahren. An Calsow schrieb Nisse: »… durch Schreiben an Architekt Stöckhardt bin ich in Kenntnis gekommen der beabsichtigten Ausführung unseres Gänsemädchen-Brunnenentwurfes und erlaube mir ganz ergebens meinen Dank auszusprechen für die Ehre, das Vertrauen uns erweisen zu wollen, den Brunnen zu aller Genugtuung ausführen zu dürfen.« Er wolle es sich zur »Ehrenpflicht« machen, »mein Bestes, dessen ich fähig bin«, zu geben.

Doch das dauerte. Der Grund für die Verzögerungen lag eher auf dem Marktplatz beziehungsweise bei den Göttingern, die sich nicht auf den genauen Standort einigen konnten. Sollte es nun das kleine Mädchen sein, so durfte es doch nicht so bescheiden vor der wuchtigen Rathauskulisse stehen. Theatermeister Wagner baute daraufhin ein transportables hölzernes Modell des künftigen Brunnens, das auf dem großen Platz hin und her getragen wurde, um seine optische Wirkung auszuprobieren. Tatsächlich wurde schnell deutlich, dass Stöckhardt den Brunnen wohl kleiner ausführen wollte, als die Göttinger erhofft hatten. Der Magistrat bewilligte umgehend Ausgaben für einen mehrstufigen Unterbau aus Sandstein, um den Brunnen monumentaler erscheinen zu lassen. Nahe lag auch, dass eine etwas höhere Plinthe, die sich in der Form dem eckigen Sockel anzupassen hatte, für weiteren Höhengewinn sorgen sollte. Das eingereichte Minimodell stand demgegenüber ganz bescheiden auf flachem Stein. Auch war ja die Brunnenfigur, wie man glaubte, noch gar nicht fertiggestellt, hatten sich die Göttinger Stadtoberen deren Abnahme als Tonmodell im Atelier des Künstlers ausdrücklich vorbehalten. Nun aber stimmte das Verhältnis zwischen Stufen, Brunnenschale und Sockel einerseits sowie der zierlichen Figur obenauf nicht mehr. Im Schriftverkehr zwischen Calsow und Stöckhardt pochte der Auftraggeber darauf, dass in der Beschreibung des Wettbewerbsmodells eine andere Gesamthöhe des Brunnenbaus zugesagt worden sei, als sich nun trotz Stufen ergebe. Deshalb kam die Idee auf, die Bronzefigur einfach zu vergrößern. Zuvor hatte es im Streit über die Höhe des Brunnens eine Art Gutachten gegeben, das der Göttinger Magistrat beauftragt hatte. Darin ließ er errechnen, dass das im Wettbewerb vorgelegte Modell des Brunnens, wenn man den in der Beschreibung erwähnten Maßstab von 1 : 10 berücksichtige, zu einer Ausführung des Brunnens von 5,50 Metern Höhe hätte führen müssen. Stöckhardt hatte nun aber Zeichnungen eingereicht, die auf eine Bauhöhe von 4,40 Meter hinausliefen. Diese Berechnung auf die Bronzefigur angewandt, hätte die Liesel-Figur ohne Plinthe eine Höhe von 1,30 Metern statt lediglich gut einem Meter haben müssen.

Sicher ist deshalb, dass Stöckhardt seinen Mitstreiter Nisse nun dazu drängte, ja zwang, eine deutlich wuchtigere Plinthe unter die nackten Füße des Gänsemädchens zu formen, damit die Plastik an Höhe gewann, ohne das Mädchen selbst neu ausformen zu müssen. Der Architekt muss ja gewusst haben, dass die Figur längst fertig war. Und damit das Ganze nicht auffiel, musste die Plinthe auch acht Ecken haben, sich also an den Steinsockel anpassen. Wenn es so war, würde dies das darauf folgende Zerwürfnis zwischen Bildhauer und Architekt erklären. Und genau dieser Moment könnte die geistige Geburtsstunde des Göttinger Liesels gewesen sein. Den Erstguss gab es ja schon, aber mit flacher Plinthe. Und mit der konnte Stöckhardt nach dem Streit um die Höhe nun nichts mehr anfangen. Ein Zweitguss musste her.

Nisse hatte also sein in Ton bereits fertiges Werk einfach schon gießen lassen, ohne die Abnahme durch die Stadtväter abzuwarten, ganz nach dem Motto: Es wird schon gutgehen. Das erklärt, warum er zur noch bevorstehenden Abnahme schließlich die Tonfigur auf einen mindestens 20 Zentimeter hohen achteckigen Sockel stellte – eigentlich viel zu mächtig für eine Plinthe. Diese wurde auch nie gegossen, sondern im unteren Teil durch ein Sandsteinachteck ersetzt. Das war billiger als eine so mächtige Bronzeplinthe. Nur ein Foto, das wir später noch finden werden, zeigt, was der Künstler der Göttinger Delegation in seinem Atelier präsentierte und was diese schließlich auch abnickte. Immerhin hatte Stöckhardt nun mit Treppenstufen, höherem Sockel und mächtigerer Plinthe zumindest formal die geforderten 5.50 Meter Höhe fast erreicht.

Als Alternative zur Veränderung der Höhe galt lange die Idee, den Brunnen einfach in der Nordostecke des Marktplatzes zu errichten. Dort wäre der Kontrast zur Größe des Rathauses geringer, die Zierlichkeit der Mädchenfigur nicht mehr so auffällig gewesen, und man hätte über den Brunnen hinweg schön auf die Johanniskirchtürme schauen können. Der Streit um den genauen Standort zog sich hin. Sogar Paul Nisse – sonst von den Stadtoberen eher ignoriert – schaltete sich ein. Sowohl er als auch Stöckhardt hatten anfangs ja den alten Brunnenstandort favorisiert. Im Sommer 1900 aber änderten sie plötzlich ihre Meinung – möglicherweise, um der erzwungenen Änderung der Höhen zu entgehen. Nisse schrieb am 16. Juni, er und Stöckhardt seien »der Überzeugung geworden, dass der neuerdings in Betracht gezogene nördlich gelegene Standort nicht nur dem früheren Standort gleich kommt, sondern in mancher und sehr berechtigter Hinsicht vorzuziehen ist«. Erst als schließlich am 17. April 1901 der alte Fontänenbrunnen abgerissen wurde – der Abgabetermin für den neuen war längst verstrichen –, wurde die Standortfrage endgültig entschieden. An der bisherigen Stelle wollte das Bürgervorsteher-Kollegium den

Brunnen haben; für die neue, die Nordostseite des Marktes, plädierte der Magistrat. Und erst als dieser seinen Beschluss schließlich zurückzog, um eine Kampfabstimmung zwischen Verwaltung und Bürgervertretung zu vermeiden und der damit drohenden Blamage zu entgehen, war der alte Platz auch als der neue bestimmt. Wieder also hatte sich die Bürgerschaft durchgesetzt. Für eine Veränderung der Größe war es jetzt aber zu spät. Auch die zweite Lieselfigur war zu diesem Zeitpunkt längst gegossen – wenn auch mit flacher, aber achteckiger Plinthe.

Zigtausend Schützen und ein Bronzemädchen – Der neue Stolz der Stadt sprudelt aus allen Fugen – Furcht vor Streitbarkeit des Künstlerpaares – »Feierlich und erhebend« ist die Inbetriebnahme nicht

Nun sollte es also schnell gehen – hofften die Göttinger. Das Schützenfest stand vor der Tür. Traditionell ein Fest mit großem Umzug, bei dem zu Hunderten auf dem Markt angetreten wurde, fand in diesem Jahr, 1901, zudem das 23. Bundesschießen des Bezirksverbandes im Deutschen Schützenbund in Göttingen statt. Es wurde ein Aufmarsch an Schützen erwartet wie nie zuvor. Vom 16. bis 19. Juni wurden viele Gäste aus den norddeutschen Hansestädten, aus Schleswig-Holstein, Mecklenburg und ganz Niedersachsen in der Stadt erwartet. Da sollte der neue Stolz der Göttinger zumindest munter sprudeln, wenn auch klar war, dass noch nicht alles perfekt sein konnte. So war eine Sandsteinarbeit, das Stadtwappen an einem der Ecksteine, unkorrekt ausgeführt. Und die Brunnentechnik war auch noch nicht erprobt. Schließlich traf das Gänseliesel erst am 8. Juni ein, so dass alles in großer Eile binnen einer Woche montiert sein musste.

Der Brunnen sprudelte durchaus, zu munter sogar – die Vorführung geriet eher zur Blamage. Man hatte offenbar unterschätzt, dass sich Wasser jeden Weg sucht, den es findet. Es spritzte nicht nur aus den 19 dafür vorgesehenen Öffnungen, sieben davon in den wasserspeienden Gänsen und Gösseln, der Rest im Ornamentenfries. Es suppte auch anderswo hervor. Da konnte auch die Paul Nisse zugeschriebene Bemerkung kaum trösten: »Im übrigen hat mir das Spritzen der Gänse ... außerordentlich gefallen.« Das Wasser nahm tatsächlich außerordentliche Wege: durch die Fugen unter der Bronzefigur, über den achteckigen Sockel und sogar aus der Brunnenschale heraus auf die Stufen. Stöckhardt musste Bleidichtungen im Brunnen gießen lassen, und Nisse nahm sein Gänseliesel wieder mit nach Berlin, wo es in der Gießerei Noack nachgearbeitet werden musste, um ein weiteres Hervorquellen des zufließenden Wassers zwischen Plinthe und Sockel künftig zu vermeiden.

War die Stimmung zwischen Stadt, Architekt und Künstler durch den Streit über die Brunnenhöhe, die Forderung nach einer größeren Brunnenfigur und der achteckigen Plinthe sowie den Hickhack um den Standort schon lange angespannt, so war sie nach dem Wasser-Desaster erst recht verdorben. Inzwischen hatten sich auch Stöckhardt und Nisse selbst zerstritten. Den Künstler drückten finanzielle Sorgen, musste er doch nun zwei Bronzegüsse bezahlen. Belege über den finanziellen Streit zwischen Nisse und Stöckhardt gibt es nicht, aber man erahnt, dass sich der Bildhauer zu Zugeständnissen gezwungen und finanziell übervorteilt sah. In einem Schreiben vom 14. August 1901 beklagte sich der Künstler beim Oberbürgermeister über seinen Kollegen in ungewohnt drastischen Worten: Ein Hemmnis »für die endgültige Vollendung des Brunnens ist Ihre Furcht vor unserer Streitbarkeit. Ich weiß wirklich nicht, wie dieser Furcht zu begegnen ist. Meine Anordnungen betreffend der Rohrleitungen (zwischen Brunnenschale und Wasserspeier) werden ignoriert, und was Herr Stöckhardt im übrigen bestimmt, weiß ich nicht. Eine Einigung der Kontrahenten ist ausgeschlossen, wenn ich nicht willenlos über mich ergehen lasse, was Herr Stöckhardt verfügt. Ich kann daher nur Hoffnung auf Euer Hochwohlgeboren setzen, indem ich bitte, die Initiative zu ergreifen und die Angelegenheit in Ihrer gewohnten Güte zu Ende zu führen.« Und schließlich bedauerte er, dass die Göttinger Bürger nun unter dem Kollegenstreit der beiden Brunnenschöpfer leiden mussten: »Feierlich und erhebend ist es nicht, (...) wenn der Brunnen ein halbes Jahr hindurch unvollendet auf der Straße steht.«

So lange hat es dann doch nicht gedauert. Die Nacharbeiten waren erfolgreich. Irgendwann im Spätherbst ging der nun abgedichtete Brunnen in Betrieb. Im November 1901 wurde das Bauwerk ohne jedes Zeremoniell der Stadt förmlich übergeben – lediglich von Architekt Stöckhardt. Keine Einweihung, kein Bürgerfest. Paul Nisse hatte davon nicht einmal Nachricht erhalten, er behielt aber recht: Feierlich und

Eines der ersten Fotos: Das Göttinger Gänseliesel kurz nach Fertigstellung des Marktbrunnens. Foto: Stadtarchiv

Zigtausend Schützen und ein Bronzemädchen

erhebend war es nicht. Eine Einladung gab es so wenig wie eine zeremonielle Inbetriebnahme. Darüber ärgerte sich der sensible Künstler noch ein halbes Jahrhundert später. Aber auch die Göttinger mussten sich wundern: Fast ein Jahrzehnt lang um den neuen Brunnen streiten, ihn zur Machtfrage zwischen Bürgern und Magistrat werden lassen, ihn eilig und unbesonnen in Betrieb nehmen, ihn schließlich ohne jedes Zeremoniell einfach nur einschalten – was steckte dahinter? In einer Stadt, die sonst die Enthüllung jeder Gelehrtenbüste zum Festakt machte, keine Einweihungsfeier für die größte und zentralste Innenstadtverschönerung seit Jahrzehnten? Das ergab reichlich Stoff für Spekulationen.

Der Bürgermeister ignoriert das Mini-Gänseliesel – Herr Nisse tauft sein Mädchen um – Postkarten vom Brunnen, noch ehe Wasser fließt – Ein Künstler hat Grund, sich verkannt zu fühlen

Mag sein, dass die Göttinger Rathausspitze sich den weiteren Streit zwischen den Künstlern bei einer Einweihungsfeier nicht antun wollte und deshalb auf sie verzichtete. Eine andere Theorie: Hatte der Bürgermeister Wind davon bekommen, dass Göttingen kein Unikat besaß? Dass Nisse heimlich – jedenfalls voreilig – eine zweite Figur hatte gießen lassen und sich die Göttinger Stadtväter nun düpiert sahen? Gänseliesel-Chronistin Kühn argwöhnt das in ihrer Arbeit: »War sein Verhalten (Calsows) damit zu erklären, dass Nisse ohne Zustimmung seiner Göttinger Auftraggeber fast zur selben Zeit die gleiche Brunnenfigur einem Leipziger Industriellen für sein Gartengrundstück lieferte?« Calsow hatte nämlich nicht nur eine dem neuen Wahrzeichen angemessene Feier einfach ausfallen lassen, sondern auch Nisse persönlich verärgert. Der bot nämlich brieflich an, der Stadt zusätzlich zur großen Brunnenfigur kleine Kopien ihres neuen Wahrzeichens zum Verkauf zu liefern – ähnlich der 25 Zentimeter hohen Bronzekopie, die Calsow vom Künstler zuvor bereits für den eigenen Schreibtisch erbeten hatte. Am 13. November 1901 schrieb Nisse aus Berlin: »Möchte mir erlauben, meinen vorzüglichen Dank für Ihren liebenswürdigen Brief vom 1. November auszudrücken und Ihnen für die freundliche Anregung, ›das Gänseliesel‹ in kleine Reproduktion zu bringen, mit der ergebenen Erwiderung herantreten, daß ich viel bereits getan habe, und wird in etwa 14 Tagen in Göttingen in kl. Bronze 25 cm eintreffen. Hoffentlich findet sich ein Liebhaber dafür –. Auch werde ich viele Größen in Gipsguss (Elfenbeinmasse) zum Verkauf stellen.« Doch der Bürgermeister ging auf dieses Angebot weiterer Kopien mit keinem Wort ein. Er ignorierte es einfach, so dass viele Jahrzehnte vergehen sollten, bis erneut jemand auf die Idee kam, das Gänseliesel könne auch im Miniformat Liebhaber finden.

Nissens Brief, wenn auch im Stil holprig, ist deshalb bemerkenswert, weil in ihm erstmals – und das vom Schöpfer der Bronze selbst – der Name »Gänseliesel« erwähnt wird. Offiziell war es ja noch immer das »Gänsemädchen«. Und in Göttingen selbst hatte bis dahin noch niemand die neue Brunnenfigur als Liesel bezeichnet. Denkbar ist immerhin, dass Nisse von einem seiner Mitbewerber im Wettbewerb zu dem neuen Namen angeregt worden war: Er hatte bei der Entgegennahme des Preisgeldes in Göttingen schon im Sommer 1898 auch die im Saal der Union ausgestellten Entwürfe der Mitbewerber gesehen, darunter Heino Ottos Gänseliesel-Figur. Nun hatte er selbst für sein Gänsemädchen diesen Kosenamen übernommen. Warum sich das »Liesel« auch in der Bevölkerung rasch durchzusetzen vermochte, wird noch zu untersuchen sein.

Für die Theorie, Calsow könnte wegen Nissens heimlicher Bronzekopie verärgert gewesen sein, spricht viel. Und doch hat sie einen entscheidenden Fehler: Eine vertragliche Zusicherung, dass die Göttinger Figur ein Original sein müsse, hatte es nie gegeben. Das wurde gut sechs Jahrzehnte später in einem anderen Zusammenhang nochmals ausführlich juristisch geprüft. Und weil das so war, war ein Zweitguss zwar für den Künstler nicht gerade ehrenwert, aber auch nicht ausdrücklich unstatthaft. Calsow wiederum wäre blamiert gewesen, hätte er 1901 zugeben müssen, einen Ausschluss weiterer Kopien überhaupt nicht vertraglich geregelt zu haben. Hat also auch Calsow lieber verschwiegen, dass die neue Göttinger Mitbürgerin keineswegs ein Unikat war, dass sie also doch nicht so einmalig war, wie sie in der Öffentlichkeit wahrgenommen wurde – und mit Ausnahme weniger Eingeweihter von fast allen Göttingern bis heute weiterhin wahrgenommen wird?

Die Bürger immerhin waren begeistert! Selbst Bürgermeister Calsow räumte »allgemeinen Beifall« der Öffentlichkeit gegenüber der

Eine der ersten Postkarten: Der Göttinger Marktbrunnen mit Treppe und Prellsteinen auf colorierter Grußkarte. Foto: Stadtarchiv

Brunnenfigur ein, als er nach der umstandslosen Inbetriebnahme des Brunnens am 18. November dem Künstler einige magere Worte zukommen ließ und dabei am Rande seines Briefentwurfs auch gleich die Auszahlung der letzten Honorarrate von 9000 Mark aus der Stadtkasse anwies. Erneut behandelte der Oberbürgermeister den Künstler – der ihm doch gerade so freundlich eine Bronzekopie angefertigt und weitere Kopien für den Verkauf vorgeschlagen hatte – wie einen Auftragnehmer zweiten Ranges: »Abschrift unseres Schreibens vom heutigen Tage an Herrn Stöckhardt laßen wir Ihnen zur gefälligen Kenntnißnahme und mit dem Ausdruck unseres besonderen Dankes für die von Ihnen geschaffene allgemeinen Beifall findende Brunnenfigur ergebenst zugehen.« Das war alles! Floskeln! Und wieder nur Stöckhardt als Adressat, Nisse lediglich im CC. Behandelt man so den Schöpfer des Kunstwerkes, das über Jahrhunderte Göttingens Wahrzeichen sein wird? Nur, wenn man sauer auf ihn ist – oder aber, wenn man den Bildhauer schon von Beginn an ignoriert, sich mit dem Architekten aber lange und eingehend gestritten hatte.

Kann also Calsow gewusst haben, dass das Göttinger Gänsemädchen eine Zwillingsschwester hat? Ja, er kann! Ließ er deshalb eine Einweihungsfeier ausfallen? Wohl kaum! Vielleicht war der November für ein Bürgerfest auch nicht gerade die richtige Zeit. Ohnehin gehörte das Gänsemädchen, jedenfalls Brunnen und Baldachin, im November längst zum Stadtbild. Nicht einmal die örtlichen Journalisten wunderten sich über die fehlende Feier oder widmeten dem Abschluss der Arbeiten irgendeine Notiz. Einzig im Juni, vor dem Schützenfest, hatte es eine kleine Zeitungsmeldung gegeben, dass Göttingen nun eine neue Mitbürgerin habe. Kein Wort aber über den langen, beschwerlichen Entstehungsprozess. Und Gänseliesel-Postkarten gab es längst. Schon bevor im Sommer beim Schützenfest erstmals Wasser aus den Düsen – und leider auch aus den Fugen – floss, hatten Göttinger Fotografen den neuen Brunnen eindrucksvoll abgelichtet. Die Gäste des Bundesschießens hatten somit Postkarten von Marktbrunnen und Rathaus an die Lieben daheim geschickt, noch ehe der undichte Brunnen von der Stadtverwaltung formal abgenommen war. Und Brunnen und Baldachin, wenn auch über Monate ohne Gänsemädel-Figur, hatten die Bürger und vor allem die Studenten längst ins Herz geschlossen. Selbst wenn er es wusste: So sauer auf einen Künstler, der sich sein eigenes

Meisterwerk in Bronze gießen lässt, kann Calsow also kaum gewesen sein. Würde nicht auch eine Kopie, und sei es als verkleinertes Modell, den Namen seiner Heimatstadt Göttingen in alle Welt tragen, wenn sie erst einmal ausgestellt war? Wie es ja dann auch bald geschehen sollte. Dass Nisse sein zweites, voreilig gegossenes Liesel wenig später zu Geld machen würde, konnten beide ja noch nicht ahnen. Insofern hatte Calsow ja ganz recht, die heimlich gegossene Zwillingsschwester einfach zu ignorieren – selbst wenn er nicht ahnen konnte, dass sie mehr als ein Jahrhundert lang ein Mauerblümchen-Leben führen würde. In 125 Jahren war die Tatsache, dass es da eine klammheimliche Kopie gibt, nie ein Aufreger.

Professor Weber hat es auch gemacht – Hochnotpeinlich, wenn es später herauskommt – Der flache Stein war als Erster da

Wie verwerflich ist es also, ein Auftragskunstwerk zweimal zu verkaufen? Fragen wir einmal einen, der es wissen muss: Carl Constantin Weber, Bildhauer und Professor für Grundlagen der Gestaltung und Freihandzeichnen an der Hochschule Anhalt und Leiter des Instituts für Baugestaltung in Dessau. Er muss es nicht nur als Künstler wissen, er kennt auch die Geschichte, wie sich sein Vater mit genau diesem Vorwurf herumgequält hat. Der Vater ist in Göttingen kein Unbekannter: Professor Jürgen Weber (* 14. Januar 1928, † 16. Juni 2007) hat 1963/64 das riesige Bronzerelief »Die Stadt« an der Göttinger Stadthalle gestaltet. Und er hat auch die einst heftig umstrittenen riesigen Türen des Neuen Rathauses geschaffen, ein Relief aus mehr als 500 in Szene gesetzten menschlichen Figuren zur Göttinger Stadtgeschichte von der Jungsteinzeit bis hin zur Freiheit – für Weber der Konsumfreiheit – in der Bundesrepublik. Weber nannte sie BRD, was schon Aufreger genug war. Vater Weber war in Göttingen vor allem wegen der Auswahl geschichtlicher Fakten kritisiert worden. Er war aber auch vertraut mit dem Gänseliesel. Als die Stadt 1990 eine Kopie der so vielfach ramponierten Bronzefigur in einer bayrischen Gießerei anfertigen ließ, um das Original im städtischen Museum besser zu schützen, da war es Prof. Jürgen Weber, der um die Betreuung des Nachgusses gebeten wurde.

In anderem Zusammenhang sah Jürgen Weber sich dem Vorwurf ausgesetzt, den man auch Paul Nisse machen könnte: ein Kunstwerk zweimal verkauft zu haben. So hatte Jürgen Weber seinen trocken aufgestellten Brunnen mit dem Titel »Narrenschiff«, der 1984 bis 1987 in seinem Braunschweiger Atelier entstanden war, sowohl zur Aufstellung vor dem Postneubau in Hameln verkauft als auch den Zweitguss der Plastik nach einer Ausstellung in Nürnberg dem Mäzen Kurt Klutentreter überlassen, der ihn von der Stadt Nürnberg in der dortigen Fußgängerzone aufstellen ließ. Als bekannt wurde, dass es das Narrenschiff doppelt gab, war die Aufregung in Hameln groß. Es gab sogar eine Klage gegen den Künstler. Der argumentierte, dass schon das Umfeld für ein Kunstwerk und dessen Anpassung an dieses ein künstlerischer Schöpfungsakt sei. Auch Nisse hätte in diesem Sinne sagen können, dass ein Gänsemädchen ohne Brunnen und Baldachin, noch dazu auf einer anderen Plinthe, mitnichten nur eine Kopie, sondern eben ein eigenes Werk sei.

Webers Sohn Carl Constantin hält heute Zweitgüsse von Kunstwerken, auch von solchen, die Auftragsarbeiten waren, für nicht ungewöhnlich. Es gebe viele solche Fälle. Manche Bildhauer könnten ohne Zweitverwertung oder gar nummerierte Serien ihrer Werke kaum wirtschaftlich zurechtkommen. Das müsse aber immer kommuniziert werden. Es sei »hochnotpeinlich, wenn es später herauskommt«, dass es nicht editierte Kopien gibt. Aber wenn ein Künstler das Gefühl habe, schon einmal ausgeformte Werke ließen sich für einen neuen Standort gut anpassen – warum nicht? So sieht das übrigens auch Barlach-Expertin Schulz-Ohm: Auch Barlach sei durchaus auf einmal gefundene Motive zurückgekommen, wenn er sie in anderem Zusammenhang als passend angesehen habe. Sollte aber, wie es beim Göttinger Gänseliesel im Raum steht, ein Werk bereits für den privaten Verkauf gegossen worden sein, ehe der damit verbundene Auftrag erfüllt war, »das wäre dann schon ein Aufreger«, so Prof. Weber.

Wäre damit also der Erstguss das Original? Das Göttinger Liesel nur die Kopie? So könne man das nicht sehen, erwidert der Bildhauer. Für den Künstler sei das Original immer die Urform, also das Werk aus Gips oder Ton, nicht etwa der daraus folgende Bronzeguss. Weil aber die Form verloren ist und die beiden Bronzegüsse sich durch die angepassten Plinthen unterscheiden, müsse man sie heute als zwei Originalgüsse nach einer identischen Urform betrachten.

Nur der Name auf flacher Plinthe:
Das mutmaßlich schon 1899 gegossene Leipziger Original trägt keine Signatur einer Gießerei und kein Entstehungsjahr. Foto: Gückel

Signatur des Künstlers und Gießereiname auf der Plinthe: Das Göttinger Original im Städtischen Museum trägt die Jahreszahl »00«, ist also im Jahr 1900 in Bronze gegossen. Foto: Gückel

Und welches der beiden Originale ist älter? Das könne man rein physisch natürlich nicht mehr feststellen, aber die geometrische Lösung der Plinthe der Göttinger Figur spreche doch sehr dafür, dass hier eine spätere Anpassung stattgefunden habe. Die Plinthe, dieser mit in Bronze gegossene flache Sockel, sei für die Standsicherheit einer Skulptur zwingend erforderlich. Und Figuren auf Felsen zu stellen, sei bereits seit der Antike bewährt. Gerade im 19. Jahrhundert sei ein flacher Stein unter einer menschlichen Gestalt typisch gewesen. Das, so Weber, werde mit Sicherheit Nisses Originalentwurf gewesen sein, das Achteck hingegen die später architektonisch erforderliche Anpassung.

Eine Suche in Thüringen führt ins Leere – Sohn Thilo will viele kleine Gänseliesel gießen – Heimliche Kopie nach 63 Jahren legalisiert – Ein Interview mit der Schwiegertochter führt zu Nisses Enkelinnen

Das Liesel steht, bald wird es erklommen werden. Aber was macht Nisse? Schmollt er noch, dass ihn die Göttinger nicht einmal eingeladen haben zu einer Einweihungsfeier? Und dass sie seine Mini-Gänseliesel nicht wollten? Er schluckt seine Enttäuschung, vergisst aber nicht. Und er macht das Beste draus, bewirbt sich mit seinem vielgelobten Werk bei Kunstausstellungen und wird bald sogar mit seinem Gänseliesel über den großen Teich nach Amerika fahren, um Deutschland ehrenvoll bei der viel beachteten Weltausstellung 1904 in Saint Louis zu vertreten.

Ehe wir aber das alles erfahren, müssen wir zunächst nach der Familie des Künstlers suchen. Denn über Nisse ist ja öffentlich nicht viel bekannt. Die 1900 und 1901 geborenen Kinder Thilo und Melanie leben nicht mehr. Gibt es Enkel? Haben sie noch Dokumente zum Schaffen des Großvaters?

Nisse ist am 6. Juni 1949 in Mörsdorf, heute eine Gemeinde im thüringischen Saale-Holzland-Kreis (Verwaltungsgemeinschaft Hermsdorf) gestorben. Der Künstler hatte dort lange gelebt und zuletzt als technischer Zeichner bei Carl Zeiss im nahen Jena gearbeitet, weil er von seiner Bildhauerei allein nicht leben konnte. Dort in Mörsdorf, wo er seit 1924 ein Atelier betrieb und ein Jahr später mit Elsa Rudolph zum zweiten Mal heiratete, müssten sich doch eigentlich

Heimatforscher mit ihrem einst berühmten Mitbürger auseinandergesetzt und Erkenntnisse zu seiner Person gesammelt haben. Von der Bürgermeisterin ist zu erfahren, dass das durchaus mal versucht worden sei, man gar an so etwas wie einen Erinnerungsraum in der Heimatstube gedacht habe, bei der Suche nach Angehörigen sei man aber nicht fündig geworden. Diese Recherche führt also ins Leere.

Helfen wird bei der Suche nach Angehörigen ausgerechnet eine Idee, die Paul Nisse einst selbst hatte, die dann aber 62 Jahre in Vergessenheit geriet, ehe sein Sohn Thilo sie im Jahr 1963 wieder aufgriff: die Idee von bronzenen Gänselieseln im Miniformat. Greifen wir also 62 Jahre vor, um Paul Nisses weiteren Weg nach der Schöpfung des Gänseliesels zu erkunden – und damit auch das Schicksal seiner Gänseliesel-Kopie zu erhellen.

Am 23. Oktober 1963 wurde in Berlin, Fuggerstraße, ein Brief an die Stadtverwaltung Göttingen geschrieben. Der Zahnarzt Thilo Nisse, »Sohn des verstorbenen Bildhauers Paul Nisse«, fragt an, ob er »als Sohn und einziger Erbe« Bronzekopien des etwa 30 Zentimeter hohen »Wettbewerbsmodells«, das der Vater »vor etwa 50 Jahren im Auftrag der Stadt« geschaffen habe, anfertigen lassen und an Interessenten in Göttingen verkaufen dürfe. Konkret wolle er wissen, »ob der s. Zt. zwischen meinem Vater und der Stadt Göttingen abgeschlossene Kaufvertrag eine meinem Vorhaben entgegenstehende Klausel enthält«. Dazu notiert am 1. November das Hauptamt, was seinerzeit wörtlich im Vertrag vom 18. April 1900 zwischen Bürgermeister Calsow als Vertreter der Stadt und dem Architekten H. Stöckhardt und dem Bildhauer P. Nisse festgehalten wurde: »Die Brunnenfigur ›Das Gänsemädel‹ wird in echtem Bronzeguss ausgeführt; die Abnahme dieser Figur im Tonmodell erfolgt im Atelier des Bildhauers P. Nisse durch die Herren Bürgermeister Calsow, Herrn Geh. Regierungsrat W. Voigt, beide Göttingen, und dem Bildhauer Professor Dr. Hartzer in Berlin«. Und weiter heißt es in der Akte: »Weitere Angaben über das Modell oder eine eventuelle weitere Vervielfältigung desselben sind in dem Vertrag nicht enthalten. Um die Rechtslage über die beabsichtigte Vervielfältigung zu prüfen, müsste wohl das Rechtsamt noch eingeschaltet werden.«

Und das wurde es. Die Akte »Besondere Verhandlungen über Marktbrunnenkauf ›Gänsemädel‹ von Stöckhardt und Nisse!« sei nochmals durchgesehen worden. Das Ergebnis: »Da soweit keine Anhaltspunkte dafür gefunden werden können, daß seinerzeit die Urheberrechte an dem Wettbewerbsmodell auf die Stadt Göttingen übertragen worden sind, ist gegen das Vorhaben des Zahnarztes Thilo Nisse, des Erben des Urhebers, von der Stadt Göttingen aus nichts einzuwenden.« Referendar Strauch aus dem Rechtsamt empfiehlt aber, dem Nisse-Erben nur vorsichtig die Formulierung »Bestimmungen ... des Vertrages nicht entgegenstehen« mitzuteilen. Mehr sei ja nicht gefordert.

Das Urheberrecht! Es blieb also beim Schöpfer. Auch von (wirtschaftlichen) Verwertungsrechten kein Wort im Vertrag. Das Rechtsamt sagte damit 1963 zwar nur etwas über das Bronzemodell aus, Gleiches gilt aber auch für die Brunnenfigur selbst. Damit erhielt, ohne dass es je öffentlich wurde, Nisses private Kopie des großen Originals nach 63 Jahren amtliche Legitimation. Und auch seine eigene Bronzekopie jenes Modells, das er 1901 für Bürgermeister Calsow hatte gießen lassen, mit der er 1904 zur Weltausstellung reiste, war also urheberrechtlich nicht zu beanstanden. Sie blieb, das werden wir alsbald erfahren, in der Familie. Die Zwillingsschwester des großen Gänseliesels aber nicht.

Thilo Nisse, Zahnarzt, Berlin – die Internetrecherche führt schnurstracks auf die Seiten der Kreuzberger Chronik und zu einem Interview mit Brigitte Nisse, der Witwe des Zahnarztes, aus dem September 2017. Die damals 95-Jährige berichtet darin auch über ihren Schwiegervater. »Paul Nisse hat ihr imponiert«, heißt es in dem Interview. Und in dem Text stehen auch die Namen Corinna und Jorinde, die Töchter von Thilo und Brigitte, Enkelinnen von Paul Nisse. Von hier aus ist es nicht weit bis in die Berliner Wohnung von Corinna Nisse, um mit ihr die Mappen mit Unterlagen des Großvaters durchzublättern – immer auf der Suche nach Spuren der Existenz der Gänseliesel-Zwillingsschwester.

Und tatsächlich findet sich in den Unterlagen der Familie der erste Hinweis: Am 21. Juni 1902, so steht es in einer Übersicht, die Schwiegertochter Brigitte einst zum Leben von »Bildhauer und Maler« Paul Nisse angefertigt hat, habe der Leipziger Kunstverein eine Anfrage an Paul Nisse gesandt, ob die ausgestellte »Brunnenfigur in Bronze käuflich zu erwerben« sei. Offenbar planten die Leipziger für das Jahr 1903 eine eigene Ausstellung. Traditionsgemäß, so Vorstandsmitglieder des Kunstvereins heute, seien damals vor allem Werke ausgestellt worden, die auch verkauft werden konnten. In einem Formbrief hatte der Vorstand des Leipziger Kunstvereins sich damals konkret auf die Nummer 1651 des Katalogs der Großen Berliner Kunstausstellung bezogen und die »Brunnenfigur in Bronze« für die eigene Ausstellung erbeten, sobald die Berliner Schau beendet sein würde. Die Kostenübernahme für Her- und Rücktransport – sofern das Werk nicht verkauft werde – wurden vom Leipziger Vorsitzenden Prof. D. Vogel auch sogleich zugesichert. Zudem wurde schon im Voraus beim Künstler der Preis für das Werk angefragt, den dieser wohl auch rasch mitteilte. Das jedenfalls lässt sich aus einer undatierten Notiz schließen, die sich in des Künstlers Hinterlassenschaft findet: Die große Bronzefigur könne den Leipzigern übergeben werden, sobald in Berlin die dortige Große Kunstausstellung 1902 geschlossen sei. In der eilig hingeschriebenen Notiz Nisses heißt es: »In Beantwortung des geehrten Schreibens von (das Datum fehlt) teile ich ganz ergeben (Letzteres hat Nisse dann wieder durchgestrichen) mit, dass es mir eine große Ehre sein wird, Ihrer liebenswürdigen Einladung folgen zu können, insofern die Figur (an dieser Stelle hat er das Wort »Bronzeguss« gestrichen) noch nicht verkauft sein sollte. Der Preis für diese Figur würde 3000 Mark sein, das heißt, es würde sich empfehlen, 3300 Mark anzusetzen.« Damit erwies sich Nisse bei der Preisfindung für eine lebensgroße, doch letztlich relativ kleine Bronzefigur keineswegs als besonders zurückhaltend. Zur selben Zeit hatte die Gießerei Noack gerade für das Kaufhaus Wertheim zwei riesige, über zwei Stockwerke reichende Bronzeleuchter gegossen und dafür gerade einmal 3500 Reichsmark erhalten.

Tatsächlich bestätigten die Leipziger Ende des Jahres 1902, dass die Bronze wohlbehalten im Städtischen Museum zu Leipzig angekommen sei. Sie wurde also 1903 erstmals in Leipzig ausgestellt – und wohl auch verkauft!

Wenngleich etliche der Quellen, auf die sich die vierseitige Dokumentation des Schaffens ihres Schwiegervaters bezieht, inzwischen verloren gegangen sind, lässt sich aus den Unterlagen Brigitte Nisses immerhin so viel rekonstruieren: 1901 hat Nisse in Göttingen das Gänsemädchen übergeben, 1902 ging der Künstler für einen unbekannten Auftrag nach Posen, im gleichen Jahr stellte er die Zwillingsschwester der Göttinger Figur – die Bronze auf dem flachen Steinsockel – bei der Großen Berliner Kunstausstellung aus, und Ende 1902 ging sie nach Leipzig. Viel spricht also dafür, dass sie dort aus der laufenden Kunstausstellung heraus tatsächlich verkauft wurde. Denn schon ein Jahr später, 1903, reiste Nisse nur mit seiner kleinen Bronzefigur, dem Abguss des Wettbewerbsmodells der Göttinger Brunnenstatue, nicht aber mit der lebensgroßen Gänsemagd in die USA. Bei der vom 30. April bis zum 1. Dezember 1904 laufenden Louisiana Purchase Exposition, also der Saint Louis World's Fair, wollte er sein Werk offensichtlich persönlich vorstellen. Es ist im Katalog der Weltausstellung unter der Nummer 483 des Departments B.-Art unter Skulpturen als »Girl with Goose« belegt. Kataloge zur Großen Berliner Kunstausstellung von 1902 oder zu der von 1903 in Leipzig finden sich heute nicht mehr – so zumindest die Auskunft der jeweiligen Kunstvereine. Aber gibt es vielleicht doch noch eine Chance zu belegen, dass der Erstguss des Nisse-Originals seinerzeit öffentlich feilgeboten wurde? Ausgestellt wurde das Original jedenfalls nach der Leipziger Kunstmesse nicht mehr. 1905 weist der »offizielle Katalog der IX. Internationalen Kunstausstellung im königlichen Glaspalast in München 1905« eine neuerliche Teilnahme Nisses bei einer der großen Ausstellungen aus – jedoch nur mit dem Mini-Modell. Die Nummer 1888, Nisse, Paul, Berlin, »Gänseliesel«, trägt einen Stern, das Zeichen dafür, dass auch dieses Objekt verkäuflich war. Der neue Name der Skulptur hatte sich also inzwischen durchgesetzt.

Der Künstler und seine Kinder: Paul Nisse mit Tochter Melanie und Sohn Thilo, aufgenommen gegen 1906, nachdem der Künstler seine Familie bereits verlassen hatte. Familienarchiv Nisse, Repro: Gückel

Eine Suche in Thüringen führt ins Leere

In Göttingen hätte man eigentlich zufrieden sein können. Das Werk, das ein Berliner Künstler für die Stadt geschaffen hatte, warb bei den großen Kunstschauen Deutschlands in Berlin, Leipzig und München, ja sogar bei der Weltausstellung in Übersee für die Stadt an der Leine. Woher aber hatte der arme Künstler, der, wie wir gleich noch eindrucksvoll erfahren werden, durch den einen Göttinger Auftrag seine finanziellen Sorgen keineswegs losgeworden war, das Geld für die Reise nach Saint Louis? Aus dem Verkauf seines heimlich gegossenen Meisterwerkes – davon ist seine Familie heute überzeugt.

Ein mittelloser Künstler verlässt die Familie – Ein alter Invalide will kein Rosstäuscher sein – »fec Nisse« oder wer hat es gemacht? – Spätes Geständnis eines Protegés – Wer schuf denn nun eigentlich das Wöhlerdenkmal?

Die lange Seereise des Familienvaters in die USA ist dem Eheleben der Nisses nicht bekommen. Frustriert, ja deprimiert kam der Künstler, der in Amerika den internationalen Durchbruch gesucht und dafür den heimlichen Zweitguss seines Göttinger Auftragswerkes zu Geld gemacht hatte, aus Saint Louis zurück. Auch mit seinen Entwürfen von Medaillen, die er in Saint Louis noch zusätzlich ausstellte, hatte er keinen Erfolg. Der Brief, den er seiner Frau danach schrieb und in dem er seine Ehe als beendet erklärte, ist eines jener sehr privaten Dokumente, die in der Familie nicht aufgehoben wurden. Sinngemäß brachte Nisse darin wohl seine Enttäuschung über seine Rolle bei der Weltausstellung und seine Einschätzung zum Ausdruck, für sich als jungen unbekannten deutschen Künstler in den USA keinerlei Existenzmöglichkeiten gesehen zu haben. Auch in einem späteren Scheiben aus dem Kriegsjahr 1941, von dem gleich noch die Rede sein wird, heißt es: »Nach Schluss der Ausstellung bot sich keine Gelegenheit zu Arbeit, man nennt dort jeden ›Bohem‹, der nicht mit einem sogenannten Weltruf hinüberkommt. In Wahrheit führen die Bildhauer in A. ein Zigeunerleben.« Um seiner Familie – Ehefrau und zwei Kinder im Alter von vier und zwei Jahren – nicht weiter ein Leben in Armut zumuten zu müssen, verlasse er sie. Ohne ihn komme die Familie sicher besser zurecht. Die als zupackend geltende Ehefrau Meta machte darauf eine Ausbildung zur Dentistin und brachte ihre Kinder fortan allein durch. Davon sei in der Familie oft erzählt worden – mit Bewunderung, wie sich Enkeltochter Corinna erinnert. Nur Sohn Thilo, also ihr Vater, habe den Kontakt zum mittellosen Künstler gehalten und ihn in seinem Atelier oft besucht.

Bei seinen nun getrennt lebenden Angehörigen wird Paul Nisse später als eigenwillige, empfindsame Künstlerseele gelten. Als jemand, der leicht eingeschnappt war, der sich schnell bei Kränkungen zurückzog, der stets mit dem Gefühl lebte, nicht hinreichend anerkannt und wertgeschätzt zu werden. Dass die Göttinger Auftraggeber nicht mit ihm, sondern mit Architekt Stöckhardt verhandeln wollten, dass er von diesem überhaupt erst erfahren hatte, dass sie den Auftrag bekommen würden, dass er sich mit Stöckhardt selbst auch bald überwarf und die Stadt ihn nicht hinreichend würdigte, wurde er doch nicht einmal zu einer Einweihung eingeladen – all das war Wasser auf die Mühlen seines Selbstmitleids.

Wie sehr Paul Nisse damals unter der von ihm so empfundenen Missachtung seiner Rolle im Kunstbetrieb litt, hat er erst viele Jahrzehnte später in einem Brief an den Pfarrer der Kaiser-Friedrich-Gedächtniskirche Berlin niedergeschrieben. Am 1. März 1941 – Nisse war bereits 72 Jahre alt – klagte er dem Pfarrer, dass er »seit dem Weltkrieg als 100 % Schwerkriegsbeschädigter« und jetzt »in der Einsamkeit des Thüringer Waldes« lebe. Tatsächlich war der Künstler 1914 als Kriegsfreiwilliger in den Ersten Weltkrieg gezogen und 1915 schwer verwundet worden. Sein rechtes Bein musste amputiert werden. Danach hatte er nur noch wenige Aufträge und zog es 1921 vor, sich als technischer Zeichner anstellen zu lassen. Nun sei ihm, schrieb er dem Pfarrer, in Gesprächen in Berliner Künstlerkreisen zu Ohren gekommen, dass man dort die Kunstwerke im Altarraum der Kaiser-Friedrich-Gedächtniskirche, an denen er einst mitgewirkt habe, fälschlich allein dem Bildhauer Gotthold Riegelmann zuschreibe. Dieser aber habe in seinem Atelier lediglich die Blattstäbe und ein Lamm geschaffen, während er hingegen die Engel am Altar verwirklicht habe. Weil man ihm das nicht habe glauben wollen und ihn gar als »Roßtäuscher gebrandmarkt« habe, wolle er höflichst anfragen, ob der Herr Pfarrer bestätigen könne, dass seine Signatur »fec P. Nisse« (fec für fecit = »er hat es gemacht«) auf der Plinthe des Engels im Altarraum zu finden sei, oder ob diese »den Riegelmann-Machenschaften« zum Opfer gefallen sei. Und weiter klagt Nisse über seine Anfangsjahre: »Unerträglich wurden die Machtstellungen der älteren bekannten Bildhauer, ihre futterneidischen Einwirkungen, nur zu leicht werden dadurch angebahnte Beziehungen der jüngeren Kräfte zu Auftraggebern zerstört und unendliches Leid verursacht. Ich bin nicht eine Ausnahme solcher Erlebnisse.«

Aber nicht nur als Opfer! Denn zugleich räumt Nisse in dem Schreiben an den Pfarrer ein, was wir vom Göttinger Brunnenwettbewerb eigentlich schon wissen, hier aber vom Nutznießer nochmals bestätigt bekommen: »Meine guten Beziehungen zu einem Prof. Dr. H. C. Bildhauer brachten mir nach einem Wettbewerb den Auftrag zu einem Brunnen in G...... ein. Die Sache hatte ähnliche Hintergründe wie bei Riegelmann, auch er brauchte einen jungen Bildhauer zur Ausführung seiner Aufträge.« Damit gibt Nisse einerseits zu, vom Juryvorsitzenden Prof. Carl Ferdinand Hartzer – denn der ist unmissverständlich gemeint – protegiert worden zu sein, um an den Göttinger Auftrag zu kommen. Andererseits erhebt er wiederum schwere Vorwürfe gegen seinen einstigen Förderer: »Sein (Prof. Hartzers) Wöhlerdenkmal hatte ein Kopenhagener Bildhauer ausgeführt, dieser war aber wieder in seine Heimat zurückgekehrt. Ersatzmann wurde ich. Die Arbeit des Kopenhageners brachte ihm den Titel Dr. H. C. der Universität seiner politischen Heimat ein, später wurde er auch Preußischer Professor.« Wenn das stimmt, ist das Göttinger Wöhlerdenkmal gar nicht von Ferdinand Hartzer, sondern von einem unbekannten Dänen sowie von Paul Nisse, die bis zur Enthüllung 1890 in Hartzers Werkstatt unter dem Namen des Chefs schufen, wofür dieser danach in Göttingen gefeiert und mit dem Vorsitz der Jury für den Brunnenwettbewerb betraut wurde. Viel kann Nisse am Standbild des berühmten Göttinger Chemikers freilich nicht gemacht haben, denn er war erst im betreffenden Jahr in Hartzers Atelier als freier Mitarbeiter eingezogen.

Nisses Fazit: Etablierte Bildhauer wie Riegelmann oder Hartzer – Letzteren nannte er nicht namentlich – seien »smarte Geschäftsleute, ohne Bildhauer zu sein«. »Er (Riegelmann) fand immer hungernde Bildhauer, die ihren Hunger stillen mußten und solche gab und gibt es im Übermaß, denn wo sollte auch die Menge, der von den Kunstakademien der s. g. kunstsinnigen Fürsten ausgebildeten jungen Bildhauer Existenzmittel finden?« Und er klagt weiter: »In Berlin wurde der Wettbewerb (heute kann man ruhig darüber sprechen, denn die es angeht, sind lange tot) um das Leßingdenkmal ausgeschrieben, als Bildhauer Otto Lessing bereits das Denkmal im Modell fertig in seinem Atelier stehen hatte.«

Ach ja? Und das Gänseliesel? Stand es etwa nicht auch schon fertig – oder zumindest als Modell – im Atelier, als der so gescholtene Juryvorsitzende Hartzer seinen Protegé Nisse in Göttingen durchboxte und ihm damit die Chance seines Lebens bot? Das werden wir noch zu beweisen haben.

Nisses Sorge, Kollege Riegelmann könnte ihn mit seinen »Machenschaften« in der Kaiser-Friedrich-Gedächtniskirche im gutbürgerlichen Berliner Hanseviertel um seinen Ruhm betrogen haben, war übrigens unbegründet. Bis heute gilt Nisse laut Wikipedia als Schöpfer der Altarbekrönung, einem retabelartigen Aufbau mit zwei Engelsfiguren. Am 25. März 1941 hat Nisse vom Pfarrer Gustav Eichstädt die erbetene Antwort erhalten. Er bestätigte, dass Nisses Name auf der Rückseite der Plinthe erhalten sei und daneben die Jahreszahl 1895 stehe. Und er könne hinzufügen, dass gerade die trauernden Engel dem ganzen Altar sein Gepräge gäben. »Ich hoffe mit dieser Feststellung können Sie alle gegen sie gerichteten Vorwürfe nunmehr zurückweisen.« Der Pfarrer endet mit »Heil Hitler!«. Der Brief muss Balsam auf den Wunden des resignierten Künstlers gewesen sein. Das Schicksal seiner kirchlichen Kunst war hingegen wenig später besiegelt: Am 22. November 1943 ging diese im Bombenhagel eines britischen Luftangriffs unter. Die neugotische Hallenkirche am Nordrand des Tiergartens wurde schwer getroffen, ihr Inneres brannte vollständig aus.

Erster Nachguss im Kleinformat: Im Nachlass des Künstlers findet sich ein 1901 von Noack, Berlin, gegossenes Gänseliesel, das Paul Nisse 1904 bei der Weltausstellung in den USA zeigte. Foto: Gückel

Ein mittelloser Künstler verlässt die Familie

Das weitgereiste Mini-Gänseliesel – Dem ersten Foto fehlt der Bronzeglanz – Eine tönerne Gans wiegt schwer – Warum sieht die 1 wie eine 0 aus?

Die »trauernden Engel« – verloren, wie so viele der Arbeiten von Paul Nisse. Die Enkelkinder besitzen nur noch wenige Stücke, meist Bozzetti, also erste skizzenhafte Gipsmodelle von nicht realisierten Werken. Aber ein Original ist da noch: das Mini-Gänseliesel. Es steht auf einer flachen, einen Stein darstellenden Plinthe und ist einer der zwei Güsse der Gießerei Noack, Friedenau, aus dem Jahr 1901. Die Signatur des Künstlers, Jahreszahl und Stempel der Gießerei sind erhalten. Einen der zwei Güsse dürfte im November 1901 Göttingens Oberbürgermeister erhalten haben, der zweite reiste mit seinem Schöpfer zu den großen Ausstellungen der Jahrhundertwende und 1904 nach Saint Louis. Und diese 30 Zentimeter hohe Bronzefigur muss Nisse-Sohn Thilo vor Augen gehabt haben, als er 1963 der Stadt schrieb, sie möge prüfen, ob er davon Vervielfältigungen machen dürfe – woraus übrigens nie etwas wurde.

Das aber ist nur der doppelte Guss vom Modell, mit dem Nisse sich im Wettbewerb durchsetzte. Über das Liesel in Originalgröße verrät uns dieser Guss noch nichts. Aber es gibt noch Fotos im Nachlass. Zwei davon, professionelle Aufnahmen des »Photographen Otto Kemnitz« aus Berlin, sind von besonderem Interesse – und verwirrend zugleich. Da ist zum einen das Göttinger Gänseliesel – unschwer erkennbar am achteckigen, etwa 15 Zentimeter hohen Sockel. Es steht dort hell erleuchtet vor dunklem Hintergrund. Allerdings ist ein zweistufiger Sockel zu sehen, anders als der, der später für Göttingen ausgeführt wurde. Die Aufnahme trägt eine Notiz am Fuß des Fotos: »Aufnahme während der Ausführung/Göttinger Marktbrunnen«. Der Stempel des Fotografen weist die Aufnahme dem Jahr 1900 zu. Vergleicht man die Handschrift mit Briefen Nisses, so drängt sich große Ähnlichkeit auf. Die Notiz stammt offenbar vom Künstler selbst. Das Foto ist also der erste Beweis, dass das Gänseliesel im Jahr 1900 schon fertig gestaltet war. Aber gegossen war es noch nicht – jedenfalls das Göttinger Mädchen, denn die Plinthe wurde später in anderer Form realisiert. Und das Foto sieht sehr danach aus, als ob hier das Tonmodell abgelichtet wurde. Es fehlt der typische Glanz der Bronze.

Erstes Foto vom Göttinger Original: Noch als Tonmodell ließ Paul Nisse im Jahr 1900 die Brunnenfigur für Göttingen auf achteckiger Plinthe fotografieren. Familienarchiv Nisse, Fotos: Gückel

Foto zwei ist quasi das Negativ zum ersten: vor hellem Grund eine dunkel schimmernde Bronzefigur, glänzend an den beleuchteten Stellen, die nackten Füße auf einem flachen Felsen. Eine Signatur des Künstlers oder das Zeichen der Gießerei ist nicht zu sehen; beides wäre auch auf der Rückseite platziert. Auf der Kehrseite des Fotos findet sich eine handschriftliche Notiz, vermutlich Jahrzehnte später von Nisses Schwiegertochter hinzugefügt: »Gänseliesel in Leipzig Garten Prof. Rolof zerpombt im Krieg«. Mit »Prof. Rolof« ist sicher die Familie

Das weitgereiste Mini-Gänseliesel

Erstes Foto vom ersten Guss: Das Leipziger Gänseliesel auf flacher Plinthe mit mutmaßlich manipulierter Foto-Signatur des Entstehungsjahres. Familienarchiv Nisse, Fotos: Gückel

Rehwoldt gemeint, auf die wir in Kürze kommen werden. Doch bleiben wir bei den Fotos: Der Unterschied zwischen den beiden Figuren wird nicht nur am Schimmer der Bronze und an den matten Farben des Tons sowie an den unterschiedlichen Plinthen deutlich. Auch in der Gestaltung fallen kleine Unterschiede ins Auge: Eines der Gössel dreht den Kopf leicht anders, dem oberen Gössel scheint ein Fuß abzustehen, vor allem aber scheint beim Tonmodell die Gans schwerer zu wiegen, so dass die Füße weit über den Rocksaum reichen, während beim Bronzeguss der linke Fuß der Gans nicht über den Saum hinausreicht. Dieses Tonmodell war 1900 also noch längst nicht endgültig ausgeformt, als es abgelichtet wurde. Später, beim tatsächlichen Guss für den Göttinger Brunnen, wird die Gans dann wieder schlanker und nicht so langgliedrig wirken.

Aber können die beiden Aufnahmen uns etwas über die Reihenfolge von Gestaltung und Guss beider Figuren sagen? Die vom Fotografen eingestanzten Jahreszahlen könnten helfen, verwirren aber eher. Das Göttinger Tonmodell trägt die Stanzung »1900«, die Leipziger Bronze zeigt »1901«. Das unterstützt »die Fama in der Familie, der Leipziger Guss sei später erfolgt«, sagt Corinna Nisse. Denn dass es zwei Güsse nach einem Modell waren, daraus habe der Großvater nie einen Hehl gemacht. Auch nicht daraus, dass es deshalb mit der Stadt Göttingen Ärger gegeben habe. Aber hätte er die richtige Reihenfolge der Güsse je zugeben wollen, wenn es andersherum war? Diesen Verdacht nährt ausgerechnet der Fotografen-Stempel, der doch eigentlich Klarheit über das Entstehungsjahr des Lichtbildes schaffen soll: Auf dem mit »1901« gestanzten Foto ist ausgerechnet die finale »1« offensichtlich manipuliert – oder sie hat zufällig ausgerechnet einen außergewöhnlich körnigen, ja schadhaften Punkt des Fotopapiers getroffen, so dass es aussieht, als wäre manipuliert worden. Denn wer genauer hinsieht, erahnt unter der »1« eine mutmaßlich geglättete »0« oder »9«. Eine Neun würde keinen Sinn ergeben, eine Null hingegen schon. Könnte es sein, dass der Künstler selbst seine Nerven beruhigte, indem er das im Jahr 1900 mit Stolz aufgenommene Foto seines Erstgusses später dem Folgejahr zuzuordnen versuchte? Denn es durfte ja nicht sein, dass es schon einen Guss gab, ehe die Göttinger Auftragsarbeit als Modell überhaupt abgenommen war.

So oder so – die frühen Fotos beider Zwillinge sind noch kein Nachweis für die Reihenfolge der Güsse.

Ehrenbürger Valentiner hinterlässt einen wichtigen Ausstellungskatalog – Fertig ausgeformte Figur, noch ehe die Göttinger sich entschieden hatten

Aber der Beweis, dass Paul Nisse seine Gänsemädchenfigur bereits fertig hatte und sogar schon zum Verkauf anbot, noch ehe er den Göttinger Auftrag bekam, der findet sich schließlich doch: Auf der vergeblichen Suche nach einem Beleg für die Teilnahme Nisses mit seinem Erstguss der Bronze bei den Ausstellungen in Berlin und Leipzig findet sich überraschend ein ganz anderes Dokument. Ausgerechnet ein Göttinger Ehrenbürger, der Ministerialbeamte und langjährige Kurator der Universität Göttingen, Justus Theodor Valentiner (* 9. August 1869 in La Guardia, Venezuela, † 26. Mai 1952 in Göttingen), hilft uns dabei. Er hat seinen privaten Nachlass teilweise der Kunstsammlung der Universität Göttingen, teils aber auch dem Kunsthistorischen Institut der Universität Heidelberg überlassen. Darunter befindet sich ein Katalog für die »Grosse Berliner Kunstausstellung im Landes-Ausstellung-Gebäude am Lehrer Bahnhof«. Unter der Nummer 1491 ist dort aufgeführt: »Nisse, P., Wilmersdorf bei Berlin. Gänsemädchen*«. Wie schon im oben erwähnten Katalog zur Kunstausstellung in München 1905 bedeutet der Stern hinter dem Titel laut Zeichenerklärung: »Die mit * bezeichneten Kunstwerke sind verkäuflich.«

Was genau Nisse hier allerdings ausstellte, ist nicht ganz klar. Sein Werk steht zwischen vielen, die jeweils den Zusatz »Bronze«, »Gyps« oder »Bronzestatuette« tragen. Beim Werk »Gänsemädchen« fehlt dieser Zusatz zur Materialbeschaffenheit. Auch findet sich nichts über die Größe, also ob es sich um ein Modell oder um die ausgeformte große Figur handelte. Für uns das Wichtigste aber ist die Jahreszahl der Ausstellung, die dick und rot zwischen den Angaben »Vom 7. Mai bis 17. September« und dem Zusatz »Eintritt 50 Pf., montags 1. M« prangt: 1899.

Das heißt: Noch ehe am 14. März 1900 in Göttingen die Entscheidung fiel, Nisse den Auftrag zu erteilen, und ehe am 18. April in Erkner der Vertrag unterzeichnet wurde, war ein Gänsemädchen fertig ausgeformt, das auf Ausstellungen gezeigt und zum Verkauf angeboten werden konnte. Mehr als ein Jahr vor der Göttinger Auftragsvergabe muss es also schon fertig gestaltet gewesen sein. Vermutlich war es das Gipsmodell, das in Berlin gezeigt wurde; für einen Bronzeguss fehlte Nisse zu dieser Zeit mit Sicherheit das Geld. Der Katalog beweist zudem, dass drei Jahre später, also 1902 in Berlin sowie 1903 in Leipzig, mit Sicherheit nicht das Modell, sondern der große Bronzeguss ausgestellt wurde: Eine so renommierte Kunstausstellung, wie die Berliner es in jenen Jahren war, dürfte kaum ein identisches Werk nach drei Jahren nochmals zur Ausstellung angenommen haben. Und von Berlin aus wurde die große Bronze dann im Herbst 1902 nach Leipzig geschickt, wo sie letztlich verkauft wurde.

Antike Verse im bronzenen Körbchen – Die Polizei soll ein Auge auf das Liesel richten – Wenn das Wasser im Brunnen goldner Gerstensaft wär' – Bierfass trifft auf steinernen Fischkopf

Zurück nach Göttingen! Hier war das Gänseliesel auch ohne große Eröffnungsfeier sofort zu Hause. Die Göttinger Bürger erfreuten sich des prachtvollen Anblicks, die Studierenden machten es alsbald zur Mitwirkenden ihrer studentischen Rituale, Nachtschwärmern galt das Liesel als beliebter Treffpunkt. Und schon bald entdeckten die Studenten, dass man den Brunnen des nachts, mit Vorliebe in angeheitertem Zustand, erklimmen und das schüchterne Mädchen ungestraft küssen konnte. Schon früh sorgten sich die Stadtväter darum, dass die Kletterei auf dem Brunnen Schäden anrichten könnte. Deshalb wurde der Polizei dringend anempfohlen, ein besonderes Auge auf den Marktbrunnen zu haben und die in Göttingen seit jeher argwöhnisch beobachteten studentischen Streiche zu verhindern. Doch was verboten ist, reizt junge Leute besonders. Das Erklettern und Küssen wurde bald zum Ritual frisch Immatrikulierter. Eine Ehrensache, zum Start ins Studium sich beim Liesel mit einem Kuss vorzustellen. Es wurden dem bronzenen Mädchen auch Blumen gebracht und Zettel mit Gedichten in den Korb gelegt. Meinhardt schreibt: »Namentlich Germanistikstudenten pflegten nach dem Kuß ihr Reime zu überreichen. Einige Altphilologen wagten sich gelegentlich an Strophen in antikem Versmaß.« Natürlich konnten bei dieser Umtriebigkeit Folgen nicht ausbleiben ...

Als eine der ersten Beschädigungen ist das Abschlagen eines steinernen Fischkopfes an der Brunnenschale durch zwei angeheiterte

Pharmaziestudenten aktenkundig, wie Helga-Maria Kühn berichtet. Das sei »ein unglücklicher Zufall« gewesen – Kollege Meinhardt wird die Sache noch ganz anders darstellen. Laut Kühn erklärten sich die Studenten nach erfolgter Strafanzeige zwar zur Übernahme der Kosten bereit, die Stadt benötigte aber dreieinhalb Jahre, die Reparaturkosten einzutreiben. »Vor solchen Kavaliersdelikten, wie es die Betroffenen sahen, oder derartigem Vandalismus in den Augen der Bürger und der Verwaltung ist das Gänseliesel, wie es nun offiziell und im Volksmund hieß, bis heute nicht sicher.« Und weiter: »Spielende Schulkinder, übermütige Studenten, glückliche Promovierte und nicht trink- und standfeste Nachtschwärmer zog und zieht das Figürchen offenbar magisch an.«

Die Sache mit den Pharmaziestudenten freilich schildert Meinhardt ganz anders. Er sieht darin keinen »unglücklichen Zufall«, sondern eine mutwillige Beschädigung beim Hantieren mit schweren Bierfässern. Für seine Darstellung gibt er auch eine Quelle an, die Göttinger Zeitung vom 24. August 1904. Wer die Notiz dazu sucht, findet sie aber nicht in den gedruckten Ausgaben. Und doch ist die Geschichte zu schön, um sie hier zu verschweigen, hat sie doch die Fantasie von Generationen trinkfreudiger Göttinger Studierender beflügelt: der Gänselieselbrunnen als Bierquelle!

Man muss sich das wohl so vorstellen: Beim letzten oder vorletzten Bier zu vorgerückter Stunde kommen Studenten auf die Idee, wie es wäre, wenn nicht Wasser, sondern Bier aus den Gänseschnäbeln flösse. Man kennt das vom Rhein, bei dem mancher darüber sinniert, wenn dessen Wasser »goldner Wein wär« ... Eine Kusszeremonie bei fließendem Bier – dann wäre auch das Abrutschen und Hineinfallen in die Brunnen-, besser gesagt Hopfenschale für den trinkfreudigen Jüngling leichter zu ertragen. Meinhardts Darstellung: »Um das Becken zu füllen, waren natürlich mehrere Fässer notwendig, weshalb einiger Scharfsinn aufgewendet werden mußte, um diesen Flüssigkeitsaustausch so leise vornehmen zu können, daß die wachsame Göttinger Polizei nichts merkte. Gegen Schluß des Sommersemesters 1904 passierte hierbei ein Missgeschick. Bei der Entleerung eines Bierfasses wurde einer der wasserspeienden Fischköpfe zerstört, die erste Beschädigung des Brunnens, die registriert werden mußte. Die schuldigen Studenten ließen durch den Steinhauermeister Koch den unbeabsichtigt angerichteten Schaden ausbessern.«

Wenn das Wasser im Brunnen gold'nes Bier wär: Gänseliesels Gössel speien Gerstensaft – diese Vorstellung hat Studenten schon immer beflügelt. Die Bierfässer für den Ratskeller lagern nicht weit entfernt. Foto: Stefan Rampfel

Antike Verse im bronzenen Körbchen

Schöne Geschichte, aber wohl zu schön. Kollegin Kühn glaubt sie nicht. Dass es ein Bierfass war, das den Schaden verursachte, mag sein. Aber Bierfässer ganz in Brunnennähe waren nichts Besonderes. Der Ratskeller hatte damals in Höhe des Brunnens den Ablassschacht für seinen Bierkeller, und Fässer wurden oft in der Frühe angeliefert. Könnte es sein, dass sich die spätheimkehrenden Studenten daran vergriffen? Und dass die studentische Fantasie hernach zur Legende mit dem Bierbrunnen führte? Fakenews in Zeiten, als soziale Medien noch Gerüchteküche hießen!

Die eine im Stadtzentrum, die andere im Kirchenasyl

Die Enzyklopädie des Märchens kennt kein Gänseliesel – Fräulein Freiin beschert edlem Landvolk das Liebesglück – Kaiser Wilhelm geruht, einen Roman zur adeln – Des Grafen Muse muss anmutig sein

Seinen neuen Namen hatte das vormalige Gänsemädel also längst weg. Selbst der Künstler hatte es ja Ende 1901 schon »Gänseliesel« genannt. Aber war es wirklich nur dieser Brief, in dem Nisse den Namen gebrauchte, zu dem er offenbar von seinem Künstlerkollegen Otto angeregt worden war, der das »Liesel« in aller Munde brachte? Oder hatte eine andere Lieselgestalt, ein Märchen oder eine Sagenfigur, zum Liesel geführt?

Das wollte auch die damals noch rüstige Schwiegertochter des Künstlers Nisse im Sommer 2001 anlässlich der 100-Jahr-Feier gern wissen. Brigitte Nisse war eigens zu den Feierlichkeiten nach Göttingen gereist und hatte auch mit Dr. Hans-Georg Schmeling, dem früheren Leiter des Städtischen Museums, gesprochen. Der habe die Figur auf ein »Märchen vom Gänseliesel« zurückgeführt. So notierte es sich Brigitte Nisse. Und weiter: »… geschrieben auf einem als Tischplatte genutzten ehemaligen Mühlstein, der heute zu finden ist auf dem Schmitt-Hof, 6321 Lehrbach, Kreis Alsfeld/Hessen.« Infos dazu bekomme man bei Horst R. Der Zettel mit diesen Notizen liegt noch heute den Aktenordnern mit dem Nachlass Paul Nisses bei.

Das Gänseliesel also ein Märchen? Dass es damals, bei der Entstehung der Figur, noch kein Märchen oder eine Sage zu einem Gänsemädchen gab, ist 2001 längst bekannt gewesen. In Kiel (ab 1957) und Göttingen (1960 bis 2015) haben Kurt Ranke und mehr als 1000 Autoren über Jahrzehnte geforscht, aber in der Enzyklopädie des Märchens, dem umfangreichsten Forschungsprojekt zu Volkserzählungen überhaupt, konnte in aller Welt kein Gänseliesel-Märchen gefunden werden. Ganze 15 dicke Bände zur internationalen Erzählforschung sind es geworden, aber das Motiv der Gänsemagd als Märchenfigur fehlt darin.

Kann also der Schmitthof in Lehrbach, ein hessisches Wasserschloss, bei der Namensfindung eine Rolle gespielt haben? Ja, aber nur indirekt. In diesem Schloss lebte einst Nataly von Eschstruth (* 17. Mai 1860 in Hofgeismar, † 1. Dezember 1939 in Schwerin), eine Autorin von »Hofgeschichten«, wie ihr Verlag Paul List, Leipzig, in ihre Bücher schrieb. Die Autorin entstammt dem hessischen Landadel; ihre Mutter war eine Freiin Schenk zu Schweinsberg, die den Schmitthof damals besaß. Die Familie Schenk zu Schweinsberg ist auch heute wieder Eigentümer des aufwendig sanierten Wasserschlosses. Tatsächlich soll die damals 25-jährige Nataly dort unter hohen Bäumen an einem Tisch aus Mühlstein einen großen Teil ihrer Novellen und Romane geschrieben haben. Sie gilt als eine der beliebtesten Erzählerinnen der wilhelminischen Zeit und schrieb oft rührselige Geschichten aus höfischer Gesellschaft, die sie ja aus eigenem Erleben aus den Kreisen des niederen Adels kannte. Nicht selten machten in ihren mehr als 75 Büchern und Novellensammlungen als edel abgestempelte junge Leute aus dem gemeinen Volke in den Adelshäusern ihr amouröses Glück. Nataly von Eschstruth war um die Jahrhundertwende nicht nur eine der beliebtesten Erzählerinnen, deren Geschichten zigtausendfach für 3 bis 7,50 Reichsmark verkauft wurden, sie wurde auch als Schriftstellerin regelrecht geadelt: »Seine Majestät Kaiser Wilhelm II. geruhe die Widmung des Romans ›Die Bären von Hohen-Esp‹ anzunehmen«, heißt es auf den letzten Seiten der Bücher aus dem List-Verlag. Und es sei »dies das erste Mal, daß einem Romanwerk eine so hohe Auszeichnung zuteil wird«.

Und diese adelige und literarisch vom Kaiser geadelte Volksschriftstellerin schreibt nun im Jahr 1886 ihren sechsten Roman mit Namen »Das Gänseliesel«. Das zweibändige Werk handelt natürlich von einer jungen Frau aus adeliger Familie, die ihr Glück beim Grafen Lehrbach macht. Und das, obwohl der adelige Schönling das Fräulein Baronesse anfangs nur als Gänsemagd im Regenrock kennenlernt – ein Motiv, wie es später auch in den Sissi-Filmen verfing. Der männliche Held ist zudem Künstler, und das Liesel wird seine Muse und natürlich seine Frau. Der Roman endet mit der Beschreibung eines riesigen Gemäldes in einer Ausstellung der Königlichen Akademie der Künste: »Auf einem Heuhaufen an dem Chauseerain liegt eine Mädchengestalt und hütet die Gänse, welche sie in humoristischen Posen umgeben: ein grauer Regensack umhüllt ihre Gestalt, goldenes Sonnenlicht flutet über das

blonde Köpfchen mit dem süßen, liebreizenden Antlitz.« Der »Künstler von Gottes Gnaden« hat natürlich seine Frau gemalt. »Wie heißt das Bild? Welche Nummer trägt es? ... Ich will im Verzeichnis nachschlagen! ... Voilà ... Nr. 589. Graf Lehrbach, ›Gänseliesel‹!«
Fünfzehn Jahre war der Roman alt, als das bronzene Gänsemädchen in Göttingen erschien. Zeit genug, um bekannt zu sein. In den Kreisen, in denen solche Schmöker gelesen wurden, kannte jeder den Roman. Was lag näher, als die liebreizende Gestalt, die da umgeben von Gänsen auf dem Markt Einzug gehalten hatte, ebenso zu nennen: »Gänseliesel«.

Das Leipziger Liesel landet in einem stillen Villengarten – Enkel Frieder erinnert sich seines Terriers Bolko, und ein wenig auch des Gänseliesels – Nach dem Bombenhagel liegen Villa und Bronzefigur im Schutt

Das Göttinger Gänseliesel wurde nun also erklommen, geküsst, mit Blumen und Gedichten geehrt. Tagsüber schaute es auf das bunte Markttreiben vor dem Rathaus herab und nachts in die verschwitzten Gesichter übermütiger Studenten unter Alkoholeinfluss. Und das Leipziger Gänseliesel? Nennen wir es einfach mal so, denn es ist ja, wie wir schon wissen, zuletzt in der Leipziger Kunstausstellung von 1903 angekommen. Sicher wurde es dort ausgestellt, aber einen Katalog dazu findet man weder beim Leipziger Kunstverein noch im Kulturamt beziehungsweise in der Bibliothek des Museums der bildenden Künste. Auch wird in den Berichten des Kunstvereins kein Verkauf eines derartigen Ausstellungsstückes erwähnt. Ein so großes Werk, das immerhin 3300 Reichsmark kosten sollte und das im hannöverschen Göttingen bereits zum städtischen Wahrzeichen geworden war, wäre doch sicher erwähnenswert gewesen. Aber es fehlt. Allerdings findet sich in dem Bericht der Name eines Kunstverein-Mitglieds, der aufhorchen lässt: »Colditz, Dr. Jur. Justizrat, Bismarckstraße 20«. Gemeint ist sicher Ultimus Ludolf Alexander Colditz, Jurist und Unternehmer, Stadtrat von Leipzig und als Präsident der Leipziger Immobiliengesellschaft sicher einer der Honoratioren der Stadt. Sein Sohn, ebenfalls Ludolf mit Vornamen, stand ab 1919 an der Spitze der Familie und führte ab 1920 die große Drahtmaschinenfabrik seiner Schwiegereltern, Gebrüder Bremer, im Leipziger Stadtteil Plagwitz, einst Weltmarktführer für Maschinen, die binden, heften und kleben können. Und in dieser Familie Colditz, das wissen wir aus anderer Quelle, die später noch zu beleuchten sein wird, findet das Leipziger Gänseliesel für die nächsten 40 Jahre eine stille Heimat.

Wer aber hat es gekauft? Kunstverein-Mitglied Colditz senior lebte woanders, Colditz junior war 1903 erst 20 und noch nicht verheiratet. Aber sein späterer Schwiegervater, der Geheime Kommerzienrat Friedrich Rehwoldt – der galt als ausgesprochen kunstsinnig, und vor allem: Er hatte Geld. Friedrich Rehwoldt (1846–1924) war Geschäftsführer und Mitinhaber der Maschinenfabrik Gebr. Brehmer. 1899 ließ er sich vom damaligen Stararchitekten Arwed Roßbach in der Carl-Tauchnitz-Straße 45 (später umbenannt in Karl-Tauchnitz-Straße 29) eine äußerst repräsentative Villa im Stil der Neorenaissance bauen. Sie gilt Architekturexperten noch heute als ein Juwel, das Leipzig im Krieg verlor. Und in den Garten dieser Villa, das beweist ein Foto, wird nach 1903 das Gänseliesel einziehen.

Wie der 33. Bericht des Leipziger Kunstvereins von 1905, der den Berichtszeitraum vom 1. Oktober 1903 bis September 1905 abdeckt, erkennen lässt, waren die Rehwoldts auch offiziell kunstbeflissen. Nicht nur Vater Friedrich, sondern auch Ehefrau Klara sowie Tochter Elsa sind Mitglied im Kunstverein. Ihre Namen stehen gleich neben denen der Buchhändlerfamilie Reclam. Und auch Schwiegersohn Ludolf Colditz lässt sich im Archiv des Museums der bildenden Künste Leipzig auffinden; mindestens ab 1903 war er Mitglied im Kunstverein.

Wie kunstverständig Familie Rehwoldt war, zeigt ein Blick auf den Südfriedhof. Dort steht das Grabmal des unter tragischen Umständen kurz nach seiner Hochzeit früh verstorbenen einzigen Sohnes von Friedrich Rehwoldt, Dr. Fritz Rehwoldt. Schon zur Hochzeit von Fritz und Ehefrau Paula hatte der Grafiker Alois Kolb, Professor der Leipziger Kunstakademie, den Brautleuten eine Hochzeitsgrafik angefertigt, aus der sich durch die Darstellung der Vaterfigur unschwer erkennen ließ, dass diesem die Wahl der Braut alles andere als recht war. Offenbar stand Kolb der Familie sehr nahe du wusste um das Zerwürfnis. Die jungen Leute kehrten Leipzig alsbald den Rücken. Doch das Glück hielt nicht lange. Nach dem frühen Tod des Sohnes beauftragten Vater und Witwe Rehwoldt Professor Kolb mit dem Entwurf

Erinnerung an längst vergangene Zeiten: Park der Villa Rehwoldt (später Colditz) in Leipzig mit Gänseliesel (rechts). Foto: Archiv Eigentümerfamilie

eines Grabmales, das noch heute ganz in der Tradition des Jugendstils beeindruckt und jüngst von der Paul-Bendorf-Gesellschaf zu Leipzig restauriert worden ist.

Es war sicher sehr still im Garten der Villa Rehwoldt. Auch wenn der Standort später noch große Geschichte schreiben sollte, war er damals, als das Leipziger Gänseliesel auf seiner abgerundeten Plinthe auf den grünschimmernden Steinsockel mit Gänsereliefs in Jugendstil-Optik gestellt wurde, eine parkähnliche menschenleere grüne Oase zwischen hohen Bäumen. Einzig der Gärtner, die Familie Rehwoldt, später die fünf Colditz-Kinder (vier Mädchen, ein Junge) und manchmal die Neffen und Nichten spielten auf dem Grundstück im Musikviertel unweit der Leipziger Galopprennbahn Scheibenholz. Hier hatte sich Friedrich Rehwoldt eine schicke Villa gebaut. Der Sohn des angesehenen Stadtbaurates Ultimus Ludolf Colditz senior heiratete in die Familie Rehwoldt ein und war gleich nach der Hochzeit ab 1909 auch in der Firma tätig, deren Geschäftsführer er 1920 wurde. Aus der Rehwoldt- wurde so später die Colditz-Villa.

Nach dem Bombenhagel vom 4. Dezember 1942 auf Leipzig werden die Reste der Villa verschwinden, und die DDR wird 1969 die attraktive Lage des ausgebombten Villenrings nutzen und sein Gästehaus des Ministerrates der DDR hier bauen, in dem ausländische Staatsgäste, Amtsträger aus aller Welt und hochrangige Messegäste untergebracht werden. Auch bundesdeutsche Politiker wie Franz Josef Strauß (CSU) hat die DDR hier empfangen. Da ist das Gänseliesel aber schon längst ins Kirchenasyl verschwunden. Nach dem Ende der DDR wird der protzige Gästehaus-Bau noch einige Zeit als Hotel genutzt und steht dann zwei Jahrzehnte leer; erst in den letzten Jahren ist er unter Beachtung des Denkmalschutzes für die DDR-Architektur nunmehr zu hochwertigen Eigentumswohnungen umgebaut worden.

Der stille Garten der Villa – das ist lange her. Aber einer kann sich noch erinnern – wenn auch erst, nachdem ihm die Bilder des Liesels in Großvaters Garten gezeigt werden: Frieder Göpel. Der Senior ist heute 87 Jahre alt. Sein Urgroßvater hatte einst die Villa erbaut und den Garten angelegt – und das voreilig von Nisse gegossene Gänseliesel gekauft. Als kleiner Junge, erzählt Frieder Göpel, sei er mit dem Hund Bosko oder mit dem Tretauto durch den Garten geflitzt, wenn er beim Opa (Ludolf Colditz junior) zu Besuch war. Stolz sei er gewesen, wenn er vom Chauffeur zum Großvater gefahren wurde. »Ich habe damals nicht mit jedem geredet, weil ich so vornehm war«, schmunzelt er. Bolko aber, ein Terrier, sei »der Hund meines Lebens« gewesen. Und der stöberte nun durch den Garten, hob sein Bein an den zwei Kriegerstatuen und flitzte um den Sandsteinsockel, auf dem Liesels Gänse Wasser spuckten. Das muss vor 1942 gewesen sein, da war Frieder fünf oder sechs.

Screenshot aus altem Familienfilm: Im parkähnlichen Garten der Villa Rehwoldt (später Colditz) stand 40 Jahre lang bis 1943 das Leipziger Gänseliesel. Foto: Eigentümer privat

Nach dem Dezember-Luftangriff war das vorbei. Für Besuche beim Opa war es in Leipzig zu gefährlich geworden. Die Villa war schwer getroffen worden. Das Gänseliesel, das 40 Jahre lang einsam im Park gestanden hatte, lag beschädigt im Schmutz des trümmerübersäten Gartens. Was würde mit dem einsamen Bronzemädchen geschehen?

Studenten klauen Gänsekopf – Herr Szültenbürger möchte lieber Gänsebraten – Bronzemädchen steht im Schaumbad – In Reih und Glied mit Kriegsgefangenen

Vierzig Jahre stillgestanden, und dann ein Opfer der Bomben geworden? In Göttingen ging es der Schwester ganz anders. Da war immer was los. Ständig musste nachgerüstet, umgebaut, repariert oder erneuert werden. Das fing bereits damit an, dass sich der ausdrücklich gewünschte Wünschelburger Sandstein als keineswegs so wetterbeständig erwies, wie man erwartet hatte. Nach den schon binnen Monaten aufgetretenen Beschädigungen durch nächtliche Kletteraktionen der Studentenschaft musste bereits im Oktober 1902 an einen ersten Reparaturauftrag gedacht werden. Das Bauamt nahm das zum Anlass, den Architekten Stöckhardt mit den Problemen zu konfrontieren und ihn zu bitten, auf dem Kulanzwege Teile des Sandsteins gegen härteren Friedersdorf Stein auszutauschen. Doch weder Stöckhardt noch der ebenfalls angeschriebene königliche Hofsteinmetz Carl Schilling, der die Sandsteinarbeiten ausgeführt hatte, reagierten auf die Aufforderung. Auf einen Prozess ließ es die Stadt nicht ankommen, hatte sie selbst ja ausdrücklich auf das ursprüngliche Material bestanden. So wurde lediglich ein Göttinger Steinmetz beauftragt, das gröbste Loch in der Sandsteinschale durch einen einzusetzenden Stein zu reparieren. Seitdem sah der Brunnenboden wie geflickt aus. Die Kosten trug die Stadt, so wie in den meisten Fällen von Beschädigungen, die nicht einzelnen Tätern zugerechnet werden konnten. Und das passierte öfter: 1905 wurde zum wiederholten Mal ein Fischkopf zerstört, 1913 gar ein Gänsekopf von der Bronzefigur abgetrennt. Immer wieder und bis in die heutige Zeit gab es Farbschmierereien am Brunnen oder es wurde allgemeiner Schabernack mit dem Mädchen getrieben: Es trug in all den Jahren bereits Doktorhüte, bunte Häkelmützen, Karnevals- oder

Ärger um den Brunnen von Anfang an: Futterreste der Droschkenpferde, für die ja der Brunnen auf dem Markt ursprünglich gedacht war, verstopften bis in die 1920er Jahre oft den Wasserablauf. Foto: Bernhard, Hamburg

Coronamasken, Geistergewänder oder Stahlhelme. Es wurden ihrem Haupt Dornenkronen aufgesetzt oder der ganze Brunnen als Mahnung an das Flüchtlingselend mit Stacheldraht umwunden. Für politische Parolen aller Art musste der Brunnen als Aufhängung oder Ständer herhalten. Neben Blumen und Gedichten fand sich auch einmal ein Nachtgeschirr im Körbchen (nicht benutzt), oder es wurde dem Liesel eine Stracke, die berühmte Göttinger Mettwurst, unter den Arm geklemmt. Schon der allseits bekannte Ernst Honig, der so viel dafür getan hatte, dass Göttingen überhaupt sein Gänseliesel bekam, ließ seinen Schorse Szültenbürger darüber fabulieren, dass man dem Liesel lieber eine gebratene Gans in die Hand gegeben hätte, das würde besser zu Göttingen passen.

Und so ganz nebenbei erfüllte der Brunnen auch noch das, was seine eigentliche Aufgabe war: Die Pferde wurden darin getränkt. In den Anfangsjahren freilich verursachte auch das erhebliche Kosten, weil die Brunnenabläufe oft verstopft waren: Die Droschkenkutscher tränkten und fütterten ihre Tiere gern am Brunnenrand, und dadurch gerieten große Mengen Häcksel ins Brunnenwasser. Was sich sonst noch alles darin fand, bleibt der Fantasie des Lesers überlassen. Die spektaku-

Schaumbad oder Kunstnebelschwaden: Von Beginn an war der Brunnen zu Füßen des Bronzemädels Schauplatz nächtlicher Scherze der Göttinger Studentenschaft. Foto: Stefan Rampfel

lärsten, jedoch schnell hinfälligen Momente bescherten dem Gänseliesel jene übermütigen Studierenden, die ganze Ladungen von Mutters Waschpulver anschleppten. Bei sprudelndem Brunnen ließen sie so die kleine Bronzefigur wie eine Schaumgebadete aus der glitzernd weiß überquellenden Brunnenschale aufsteigen, und manchmal verpassten sie dem Ganzen mit etwas zusätzlicher Farbe auch eine bunte Note. Etwas Erleichterung für das Stadtsäckel bei der Beseitigung all der mutwilligen Schäden gab es aber immer wieder einmal, wenn Göttinger Bürger durch großzügige Spenden notwendige Reparaturarbeiten an Sandstein, gusseisernem Baldachin oder gar der Bronzefigur selbst finanziell unterstützten. Denn die Bürgerschaft liebte ihr Liesel mehr noch, als die Studentenschaft es zu einer der ihren gemacht hatte.

So wie man sich in Hannover am Bahnhof »unterm Schwanz« (des Ernst-August-Denkmals) trifft, so war das Gänseliesel zu *dem* Treffpunkt in Göttingen geworden, und das nicht nur für Nachtschwärmer oder bei Shopping-Verabredungen. Angesichts der friedlichen, zierlichen Bronzefigur traten 1914 Kriegsfreiwillige hier an, um in den Tod zu marschieren. Es reihten sich Tausende Kriegsgefangene des Ersten und später auch des Zweiten Weltkrieges dort auf, und sie sandten Ansichtskarten vom Liesel-Brunnen als Gruß aus der Gefangenschaft in die Heimat, immerhin gehörten die, so schreibt Meinhardt, »ja zu den wenigen Dingen, die es noch zu kaufen gab.« Nicht nur Studierende oder akademische Besucher aus aller Welt, auch Kriegsgefangene und Fremd- oder gar Zwangsarbeiter, wenn sie denn Post verschicken durften, haben selbst in den dunkelsten Zeiten Deutschlands mit dem beliebtesten Göttingen-Motiv, dem Liesel-Brunnen, die Stadt und ihr Wahrzeichen weltweit bekannt gemacht. Vom Leipziger Liesel hingegen gibt es aus der Zeit vor 1945 nur einige wenige, zudem ganz private Aufnahmen.

Das nächtliche Küssen der Statue in Göttingen hatte inzwischen ungeahnte Ausmaße angenommen, stieg doch nach dem Ersten Weltkrieg die Zahl der Eingeschriebenen erheblich, so dass die neuen Studierenden regelrecht Schlange standen, um den Brunnen zu erklettern. Und mit jeder neuen Studentengeneration gab es immer wieder frische Geister, die glaubten, der Schabernack mit der Bierdusche oder dem Schaumbad, mit dem lustigen Liesel-Hut oder dem Häkelschal sei bestimmt noch niemanden zuvor eingefallen. Die Bürger ärgerten sich darüber, die Stadtverwaltung hatte den Schaden durch allzu häufige Reparaturen, und auch der Polizei wurde es zu bunt: Am 31. März 1926 erließ sie eine erste Verordnung, die das Erklimmen des Brunnens und das Küssen des Mädchens unter Strafe stellte. Was daraus folgte? Wir werden es noch sehen, vor allem mit dem Göttinger Kuss-Prozess, der – eigentlich mehrere Prozesse – in die Rechtsgeschichte eingehen sollte.

Frau Heyne freut sich auf ein Gipsmodell ihres Gatten – Für die Göttinger Sieben reicht das Geld nicht – Kriegsversehrter gestaltet Kriegerdenkmale

Aber wie ist es Paul Nisse inzwischen ergangen? Hätte sein Gänseliesel ihm nicht eigentlich den Durchbruch bringen müssen? Nun, berühmt wurde das Liesel, er aber nicht.

Nach Ablieferung seiner Arbeit hatten ihm die Göttinger zwar Anerkennung gezollt, aber es gab lediglich einen Folgeauftrag, wenn auch einen, der heute zusammen mit dem originalen Göttinger Liesel im Städtischen Museum steht. Gemeint ist eine Büste von Prof. Moritz Heyne, ohne dessen Schaffen es dieses Museum wohl gar nicht – oder nicht so – geben würde. Die Stadt wollte Heynes Wirken für Göttingen damals mit einer Büste würdigen. Der Auftrag dafür fiel an den Schöpfer des Gänseliesels. Etwa, weil er so geschätzt wurde? Aber war man nicht zumindest an der Verwaltungsspitze verärgert über den Künstler, der sein Auftragswerk heimlich zweimal hatte gießen lassen? Oder war der Heyne-Auftrag gar eine Wiedergutmachung, weil Nisse über das Ausbleiben der Gänseliesel-Einweihung so verärgert war? Die Aktenlage beantwortet keine dieser Fragen. Einzig die hohe Wertschätzung, die der zu modellierende Museumsbegründer Moritz Heyne selbst dem Berliner Bildhauer entgegenbrachte, ist belegt.

Moritz Heyne war seit 1883 in Göttingen. Er war Professor für Literatur und deutsche Sprache und hatte 15 Jahre lang in Basel die dortige mittelalterliche Sammlung geleitet. Ähnliches fand er in Göttingen nicht vor. So machte er sich daran, auch hier eine Altertumssammlung aufzubauen und die städtischen Gremien davon zu überzeugen, dass es dafür ein Museum brauche. Sein besonderer Verdienst aber war, dass er die Universität mit ins Boot holte – eine für jene Zeit ungewöhnliche Kooperation. 1889 war es so weit: Das Museum öffnete. Und ein gutes Jahrzehnt später sollte der Gründervater des Museums dafür, aber auch als herausragender Wissenschaftler, der zwischen 1890 und 1895 ein dreibändiges Deutsches Wörterbuch herausgegeben hatte, mit einer Büste geehrt werden. Der Auftrag dazu ging an Paul Nisse.

Die Marmorbüste des schnauzbärtigen Wissenschaftlers ist Nisse zweifellos gelungen. Wann genau sie eintraf und aufgestellt wurde, ist unklar. 1901/02 befand sich das Museum noch immer im Aufbau, und offenbar, so geht es aus einem Schreiben Heynes hervor, sollte das marmorne Original auch noch bei einer Kunstausstellung in Dresden zu sehen sein. Der Dargestellte selbst hatte sich beim Modellsitzen offenbar mit dem Künstler angefreundet und war begeistert von Nisses Werk. Anders als die Stadtväter, die für das gelungene Gänseliesel nur magere Worte des Danks fanden, erbat sich Heyne sogar das Gipsmodell für seinen privaten Gebrauch und schrieb schon vor dem Eintreffen des Bozzetto am 28. November 1902 in fast freundschaftlichem Plauderton einen dreiseitigen Brief an den Künstler. Daraus wissen wir, dass Nisse sich zuvor schon aus Posen bei Heyne gemeldet und ihm davon berichtet hatte, sich dort mit einem eigenen Atelier selbstständig machen zu wollen. Heyne freute sich, dass es für Nisse in Posen gut laufe. »Und wenn Ihr Atelier dort, wie es nach den Anfängen verspricht, recht gedeiht, so werden Sie wohl bald Berlin vergessen können. Der Ankunft der so gütig zugedachten Gipsbüste sieht meine Frau mit schönstem Dank für Ihre Liebenswürdigkeit entgegen. Wir hatten bisher immer gehofft, Sie auch einmal wieder in Göttingen begrüßen zu können, da Sie doch wohl die Aufstellung der Büste selbst leiten.«

Daraus wurde nichts. 1903 ist die Büste im Museum aufgestellt worden – ohne den Künstler. Auch aus einem anderen Plan wurde nichts. 1904, während Nisse in Amerika war, um dann frustriert heimzukehren, wurde in Göttingen die Idee diskutiert, ein Denkmal für die Göttinger Sieben anfertigen zu lassen. Heyne muss das wohl auch Nisse mitgeteilt und gehofft haben, dieser würde den Auftrag bekommen. Schriftlich heißt Heyne den Amerika-Rückkehrer willkommen und berichtet, dass er »durch Freunde und Collegen, die von der Regierung hinüber delegiert wurden«, über die Weltausstellung »fortwährend in Kenntnis gehalten« worden sei. Nun freue er sich, dass »die heimische Erde für Sie auch nach Ihrer Reise die starke Anziehungskraft bewahrt hat«. Am 5. November 1904 schrieb er dem Künstler jedoch auch: »Was das Bildnis der Göttinger Sieben aber betrifft, so waren die Zeitungen wieder einmal recht voreilig. Der Plan besteht, aber wenn ich Ihnen verrate, dass für die Ausführung erst – 1800 Mark zusammen sind, so werden Sie ermessen, dass es noch gute Weile mit dem Denkmal hat.« Sollte die Stadt aber für diese Denkmalfrage – oder gar für einen Künstlerwettbewerb – ein Komitee schaffen, verspricht Heyne, »so werde ich wahrscheinlich einen Platz darin finden, und dann sollen Sie nicht vergessen werden.« Mit beinahe gleicher Post hatte Nisse ähnlich Ernüchterndes auch schon vom Oberbürgermeister Calsow erfahren. Der erteilte Nisse am 3. November höflich, aber klar eine Abfuhr: »Auf Ihre Anfrage (…) erwiedere ich Ihnen ergebenst, daß die Nachricht, daß hier zur Zeit ein Denkmal für die Göttinger Sieben errichtet werden solle, unzutreffend ist. Es wird seit einigen Jahren für diesen Zweck ein Fonds angesammelt, der aber zur Zeit den Betrag von einigen tausend Mark noch nicht überschritten hat, so daß in der nächsten Zukunft an eine Realisierung des Planes noch nicht gedacht werden kann. (…) ergebenst, Calsow, Oberbürgermeister«.

Also schlägt sich der Künstler weiter mit kleinen Aufträgen in Posen herum. Dort hat er sich gleich nach der Rückkehr aus den USA der Siedlungsgesellschaft angeschlossen, was ihm die Gestaltung einiger Verzierungen an Neubauten einbringt. Weil das zum Leben nicht reicht, bewirbt er sich 1906 erneut als Fachlehrer, diesmal an der Kunstgewerbeschule Hamburg – erfolglos. In der Familie Nisse bekannt sind noch Bewerbungen um Plastiken am Neubau der Königlichen Bibliothek, der Uni-Bibliothek und der Akademie der Wissenschaften im Jahr 1908 in Berlin. Schließlich reist er 1912/13 nach St. Petersburg, wo er am Haus Gogol sowie ein Jahr später in Leipzig an einem Kaufhausneubau verschiedene Plastiken gestaltet. Damit bleibt das Gänseliesel nach den beiden Altarengeln von 1895 in der Kaiser-Friedrich-Gedächtniskirche sein einziger großer Auftrag. Und gleich im ersten Kriegsjahr zieht er ins Feld – als Freiwilliger. Er wird 1915 schwer verwundet und verliert ein Bein.

Nur noch zwei größere Werke Nisses sind nach Kriegsende bekannt. Bei beiden handelt es sich um Ehrenmale für die Gefallenen und Verletzten des Krieges, den er am eigenen Leib erfahren hat: 1919 eines in Niederswachswerfen, zwei Jahre später eines in Berga-Kerbra. Im gleichen Jahr resigniert Paul Nisse beruflich. Der Künstler nimmt eine Anstellung als Technischer Zeichner bei Carl Zeiss in Jena an. Ob danach in seinem kleinen Atelier, das er in der Eckstube des ehemaligen Wohnhauses des Müllers auf dem Windmühlenberg im thüringischen Mörsdorf unterhielt, noch nennenswerte Werke entstanden sind, wissen nicht einmal die Hinterbliebenen des im Juni 1949 verstorbenen Bildhauers. Das weit oberhalb des Dorfes gelegene Haus erbten Ehefrau und Kinder und verkauften es alsbald. Der neue Eigentümer baute an, die aktuellen Bewohner sanierten es ebenso wie das benachbarte Ausflugscafé. Heute leuchtet das inzwischen verputzte einstige Fachwerkhaus quietschgrün. Es ist von der nahen Autobahn 4, Fahrtrichtung Dresden kurz vor dem Hermsdorfer Kreuz, hoch über der Autobahnraststätte Teufelstal kaum zu übersehen

Liesel muss herhalten für das Aushandeln gesellschaftlicher Normen – Student Kühn treibt ungestraft groben Unfug – Die Polizei scheitert mit »böse Bubenparagraph« – Graf Henckel von Donnersmarck mag keine zehn Reichsmark zahlen – »Junge Füchse zum Gänseliesel in die Schule schicken« – Gefahrenabwehr oder Privatinteresse? – Weiser Richter soll Bann von bronzenen Lippen lösen – »Sire, geben Sie Kussfreiheit!« – Meistgeküsste wird trotz Verbot kein Dornröschen

Unterdessen schrieb sein Werk Rechtsgeschichte. Genauer: Die Studenten, die sein Gänseliesel zum Küssen erklommen, schrieben sie. Das Ganze eskalierte Ende 1926, also 25 Jahre nach dem Aufstellen der Bronzefigur auf dem Marktplatz und gut acht Monate, nachdem in Göttingen von der Polizei ein offizielles Verbot erlassen worden war, den Brunnen zu erklimmen und das Liesel zu küssen. Natürlich hat sich niemand an dieses Verbot gehalten. Und der eine oder andere Student, der es weiterhin wagte, der Bronzedame seine Aufwartung zu machen, wurde auch prompt von der Polizei erwischt und zur Kasse gebeten. Eine Genugtuung für die Göttinger Bürger, ein Ärgernis für die Studenten, die ihren – wenn auch jungen – Brauch bedroht sahen. Und so wurde das, was nun folgte, zur »Aushandlung von gesellschaftlichen Normen zwischen Göttinger Bürgerschaft und Studierenden am Beispiel des Kuss-Prozesses von Graf Henckel von Donnersmarck«. So formulieren es Stine Marg und Karin Schweinebraten in ihrem Beitrag für das Buch »Das gekränkte Gänseliesel«.

Graf Henkel von Donnersmarck – ein Name wie Donnerhall, vor allem aber einer, der für Geld, viel Geld stand. Einst hatten die Henckel von Donnersmarcks sogar Kaiser Wilhelm II. dank ihres unermesslichen Reichtums Mal um Mal Geld gepumpt. Das war der evangelische Familienzweig, Industriemagnaten aus der Beutender Linie, die zu den reichsten Familien des Kaiserreiches gehörten. In Göttingen aber studierte ein Spross des älteren katholischen Familienzweiges, nämlich Georg Graf Henkel zu Donnersmarck. Ihm waren schon zehn Reichsmark – wahlweise ein Tag Gefängnis – zu viel. Er wollte nicht zahlen – schon aus Prinzip. Dabei hätte er es sich leisten können. Finanziell war er unabhängig. Sein 3000 Hektar großes Gut Grambschütz in Niederschlesien, das er vom früh verstorbenen Vater Hugo geerbt hatte, versorgte ihn während des Jurastudiums in Göttingen. Aber er war eben auch juristisch hinreichend bewandert, stand er doch kurz vor der Promotion in der Rechtswissenschaft. Als Mitglied der nicht schlagenden katholischen Studentenverbindung Palatia war der junge Graf mit dem Kussverbot und dem sich darum rankenden Streit vertraut. So könnte es durchaus abgesprochen gewesen sein, dass sich gerade er erwischen ließ, um die Meinungsverschiedenheiten um den studentischen Brauch juristisch auf die Spitze zu treiben – empfanden die einen das Küssen des Liesels als Frevel, galt es den anderen inzwischen als etabliertes Recht. Den Hinweis verdanken die Autorinnen Marg und Schweinebraten dem Sohn des damaligen Studenten, Peter Graf Henkel von Donnersmarck. Sie formulierten es 90 Jahre nach dem Vorfall so: »Skandale sind immer Ausdruck von Normbrüchen bzw. der Differenz zwischen Geltungsanspruch und -realität gesellschaftlicher Maßstäbe. Und genau das lag vor. Eine Mehrzahl der Göttinger Bürger war nicht bereit, die zunehmende Störung der Nachtruhe und eine ständige Beschädigung ihres weltberühmten sowie selbst finanzierten Wahrzeichens weiter hinzunehmen.«

Vorausgegangen war bereits ein gleich gearteter Rechtsstreit: Ein Jahr davor, im Oktober 1925, war der Student Werner Kühn bei »grobem Unfug« erwischt worden. Er hatte bierbeseelt das Liesel erklommen und war erwischt worden. Die Strafverfügung akzeptierte er aber nicht und ließ es auf ein Urteil ankommen. Das erging am 9. Oktober 1925. Richter Dr. Andrae sprach Kühn frei. Dessen Argumentation: »Grober Unfug« sei im Sinne des einschlägigen Gesetzes eine »vorsätzliche Handlung, welche in erheblicher Weise gegen die allgemeinen Verkehrssitten verstößt und geeignet ist, die auf dieser Sitte beruhende Ordnung zu stören.« Ein »harmloser Studentenulk« aber, wie er hier vorliege, so der Amtsrichter, sei nicht geeignet, die Ordnung zu stören, denn es habe des nachts weder einen Menschenauflauf noch einen Verkehrsstau oder ähnliche Folgen der Kuss-Aktion gegeben. Und das sahen später auch die Kollegen am Oberlandesgericht Celle so. Sie verwarfen die Revision der Göttinger Staatsanwaltschaft und bestätigten damit Richter Andraes Auffassung.

Die Göttinger Bürger waren empört, Oberbürgermeister Dr. Paul Warmbold sann auf Abhilfe. Das Urteil legalisierte den nächtlichen Unfug, es sprach den lärmenden Studenten geradezu das Recht zu, unerwünschtes und potenziell gefährliches Verhalten in ein eigenes Gewohnheitsrecht umzumünzen. Das, so wurde man sich mit der Polizeidirektion und dem Regierungspräsidium in Hildesheim rasch einig, müsse auf jeden Fall verhindert werden. Eine juristisch unangreifbare Verordnung müsse her, die diesem Treiben ein für alle Mal ein Ende setze. Am 31. März 1926 trat die neue Polizeiverordnung in Kraft. Sie verbot bei Androhung einer Geldstrafe von bis zu 150 Reichsmark das Betreten des Marktbrunnens. Von nun an sollte das Gänseliesel vor aufdringlichen Küssen geschützt sein. Der Wortlaut ist simpel: »Ein Betreten des auf dem Marktplatz errichteten Gänselieselbrunnens auf oder innerhalb der Steineinfassung des Wasserbehälters, sowie das Sitzen und Verweilen auf den Steinstufen und dem Becken ist untersagt. (...) Zuwiderhandlungen gegen die Polizeiverordnung werden (...) mit Geldstrafe bis zu 150 RM oder mit Haft bis zu 14 Tagen bestraft.«

Unter feiernden und kletternden Göttingern begraben: Der Gänselieselbrunnen wurde auch 2014 anlässlich der Fußball-Weltmeisterschaft beklettert. Foto: Stefan Rampfel

Sich erwischen zu lassen war nicht schwer. Die Polizei äugte argwöhnisch auf Einhaltung des Betretungsverbotes. Erwischt, Personalien festgestellt, Strafzahlung verfügt – der Übeltäter Graf Henckel von Donnersmarck war rasch mit den neuen Tatsachen konfrontiert. Was aber dann folgte, damit hatten Magistrat und Bürgerschaft nicht gerechnet. Der Student wehrte sich nicht nur vor Gericht, sondern beauftragte gar ein juristisches Gutachten gegen die Rechtmäßigkeit der Polizeiverordnung. Ja, mehr noch: Er veröffentlichte das Gutachten am 18. Februar 1927 in einem Beitrag des Göttinger Tageblattes.

»Das Kußverbot des Gänseliesels« liest sich zunächst wie eine Rechtfertigung: »Dem alten Studentenbrauch, junge Füchse, die das Küssen noch nicht recht konnten, zum Gänseliesel in die Schule zu schicken, wollte die Göttinger Polizeiverwaltung schon immer zu Leibe. Da das aber durch §§ 360 Ziff. 11 (›böse Bubenparagraph‹) nicht gelingen wollte, erging im März (…) eine Polizeiverordnung, die nicht nur das Küssen des Gänseliesels, sondern sogar das Erklettern seines Sockels verbot und mit Strafe bedroht. Das Gänseliesel hat traurige Zeiten hinter sich, denn die Zahl derer, die trotz der Dornen der Polizeiverordnung in alter Treue zu ihm vorzudringen wagten, nahm ständig ab. Aus dem Gänseliesel droht ein Dornröschen zu werden.« Aber »es ist mit Bestimmtheit anzunehmen, daß die gute alte Sitte wieder freikommt, zumal die neue Reichsverordnung gleiches Recht für alle gewährleistet und es kaum einzusehen ist, warum für das Gänseliesel als einziges von allen Göttinger Mädchen eine Sonderstellung geschaffen werden soll.«

Es folgt das Gutachten: Darin wird einerseits argumentiert, dass das Besteigen des Brunnens allein »überhaupt niemals ohne weiteres« zu einer Beschädigung führen könne, andererseits wird die neue Polizeiverordnung als Mittel zum Schutz privaten Eigentums durch polizeiliche Gewalt als unzulässig erklärt. An dieser Stelle wurde es brisant. Denn gerade in diesen Monaten rang man in Berlin um ein neues Polizeiverwaltungsrecht. Hoch umstritten war das Verhältnis zwischen dem Aufrechterhalten der öffentlichen Ordnung einerseits und dem Schutz privater und allgemeiner Interessen andererseits. Marg und Schweinebraten formulierten es so: Die Polizei in der Weimarer Republik »sollte zwar einerseits für den Schutz der öffentlichen Sicherheit und Ordnung zuständig sein, jedoch gleichzeitig aus dem Bereich der sogenannten Wohlfahrt zurückgedrängt und funktional auf die Gefahrenabwehr reduziert werden. Der Paragraf 10 II 17 des Allgemeinen Preußischen Landrechtes diente somit (…) als eine Art Generalklausel, um die Polizeigewalt von Willkür abzugrenzen und in einer für den Rechtsstaat angemessenen Form auszulegen.« Und für den jungen Gra-

Obligatorischer Kuss unterm neuen Doktorhut: Einst küssten alle Neuimmatrikulierten, heute nur noch die frisch Promovierten die meistgeküsste Brunnenfigur. Foto: Stefan Rampfel

fen waren es private Interessen, die die Polizei da schützen sollte, denn die Brunnenfigur war ja Eigentum der Stadt Göttingen.

Nun sollten also die Richter entscheiden, forderte der Graf. »Und so wollen wir denn hoffen, daß sich ein weiser und gerechter Richter des also heißumstrittenen lieblichen Brunnenmädchens erbarmen und den Bann von seinen bronzenen Lippen lösen werde, auf daß sie wieder ihrer natürlichen Bestimmung zugeführt werden können – wie einst im Mai. Denn die gesamte alma mater Georgia-Augusta steht einmütig auf dem Standpunkt der Volksmeinung, daß Küssen keine Sünd' ist, zumal ja bei unserem Gänseliesel aus sehr natürlichen Gründen moralische Bedenken hinsichtlich etwaiger Weiterungen nicht zu befürchten sind. Sire, geben Sie Kußfreiheit!«

Daraus wurde nichts. Nach dem gräflichen Pamphlet erhoben erneut die Bürger die Stimme – mal spottend, mal fordernd. Der junge Adelige möge lieber des Raubes angeklagt werden, forderte etwa ein Leserbrief, denn er habe einer wehrlosen Figur einen Kuss gestohlen, was schon deshalb zu verurteilen sei, weil das »Abschlecken« einer Statue samt Rost und Staub weder hygienisch noch ästhetisch sei. Und von Tradition könne bei einer gerade einmal 20 Jahre alten Unsitte auch keine Rede sein. Einer der Schreiber erinnerte daran, dass »früher gerade in der Möglichkeit eines polizeilichen Ertapptwerdens der eigentliche Witz der Sache gefunden« worden sei. Bei Straflosigkeit müsse daher doch eigentlich jeder Anreiz entfallen. Dass der Brunnen zudem öffentliches Eigentum sei und schon deshalb von der Polizei geschützt werden müsse, wurde in der Mehrzahl der Leserbeiträge als Selbstverständlichkeit betrachtet. Sie, die Bürger, hätten den Brunnen schließlich einst finanziert.

Das sah dann selbst Amtsrichter Dr. Andrae ein. Am 7. März 1927 wies er die Klage des Grafen gegen die Geldauflage ab. Die Polizeiverordnung sei wegen der Möglichkeit öffentlicher Störung, die sich durch den studentischen Brauch ergebe, rechtmäßig ergangen und deshalb anwendbar. Damit war der Göttinger Richter sogar der aktuellen Gesetzgebung voraus: Erst im Jahr 1931 sollte die neue Polizeiverordnung in Paragraf 19 eine sogenannte »Handlungshaftung« einführen und damit jene haftbar machen, die eine Störung verursachen könnten. Es verstoße eben doch »gegen den öffentlichen Anstand«, argumentierte Andrae jetzt, »wenn alle Augenblicke Studierende in ihrer Bierlaune an einem auf einem öffentlichen Platze der Stadt aufgestellten schönen Brunnen herumturnen«.

Die Bürger waren zufrieden, die Studierenden nicht. Nochmals bäumten sich Henckel von Donnersmarck und seine Corpsbrüder auf. Sie zogen vors Berliner Kammergericht, damals das höchste deutsche Gericht. Doch im Juni 1927 scheiterten die Liesel-Küsser auch dort. »Im Göttinger Kuss-Skandal wurde schließlich eine gesellschaftliche Norm ausgehandelt, darüber, welches studentische Treiben die Stadtbewohner akzeptieren und welches sie ablehnen«, heißt es bei Marg und Schweinebraten. Und so blieb es bis zum Juni 2001, also bis zum 100. Geburtstag der Bronzefigur, beim Kussverbot. Dann erst hob die Stadt Göttingen die alte Verordnung offiziell auf. Ob sie da überhaupt noch Gültigkeit besaß, ist ebenso unsicher wie gleichgültig. Daran gehalten hat sich ohnehin niemand. Und weil die am 14. Mai 1932 durch den Hildesheimer Regierungspräsidenten erneuerte Verordnung eigentlich ohnehin nur eine Gültigkeit von 30 Jahren hatte (»§ 28 – Diese Polizeiverordnung tritt mit dem Tage der Verkündung in Kraft und mit Ablauf des 30. Juni 1952 außer Kraft«) und nie erneuert wurde, dürfte sie formal längst ungültig geworden sein, als sie aus dem Verkehr gezogen wurde.

Auch Ehemalige wollen nochmal küssen – Wasserbomben zielen auf Doktorhut – Alleinstellungsmerkmal für ein erfolgreiches Studium in Göttingen – Promotionsumzüge sind keine versicherten Betriebsfeiern

Das Küssen blieb also verboten. Daran gehalten haben sich die Studierenden allerdings nicht. Auch, weil Stadt und Polizei ihren juristischen Sieg nicht ernsthaft durchsetzten. In den Göttinger Nachrichten vom 27./28. September 1941 heißt es: »Generationen trink- und tatenfroher Studiosi älteren Schlages haben das lächelnd auf ihr Körbchen schauende Bronzemädel bestürmt – Ehrensache für jeden Fuchs – und die Polizei hatte weiß Gott nächtens nicht die leichteste Arbeit, mit den lärmenden Herrschaften fertig zu werden.« Die heimlichen nächtlichen Besuche freilich nahmen im Laufe der Jahrzehnte immer mehr ab – vielleicht, weil der Reiz des Verbotenen sich irgendwann verflüchtigte. Dafür wandelte sich das studentische Ritual des Gänseliesel-Kusses vom obligatorischen Besuch der Erstsemester hin zu einer Auszeichnung für die Erfolgreichsten. Denn bei stetig steigender Studentenzahl war es irgendwann gar nicht mehr möglich, dass jeder Uni-Neuling sich auf Klettertour begab. Nur zur 200-Jahr-Feier der Georgia-Augusta im Jahr 1937, bei der gleichzeitig auch die Deutsche Hochschulmeisterschaft ausgetragen wurde, war der Andrang noch einmal »furchtbar groß«, wie Meinhardt schreibt. Unzählige Ehemalige waren zu dieser Feier angereist, und sie erinnerten sich gern des alten Brauches, den sie in Scharen nun auffrischten. Nächtlich natürlich, heimlich und meist auch angeheitert. Die Polizei soll damals beide Augen zugedrückt haben.

Danach wurde es des Nachts ruhiger. Nun wurden die Doktor-Feiern rund um den Marktbrunnen nicht nur geduldet, sondern am hellichten Tag von der Göttinger Bevölkerung geradezu mit Stolz auf so viel Bildungserfolg begrüßt. Und irgendwann war der Kuss des Gänseliesels zum obligatorischen Höhepunkt jeder Doktorfeier geworden. Heute ist es eine Ehrensache, dass nur der dem Liesel einen Kuss stiehlt, der zuvor erfolgreich promoviert hat. Die Promotionsumzüge mit finalem Kuss sind sogar zur Touristenattraktion geworden, denn unter den oft Hunderten Schaulustigen finden sich nicht nur Angehörige, Kollegen und Kommilitonen der frisch gebackenen Doktoren und Doktorinnen, sondern vielfach auch Gäste aus aller Welt, die das einmalige Gelehrtenspektakel im Stadtkern bestaunen.

Menschenmassen bei den Doktorfeiern am Gänselieselbrunnen: Die weltweit einzigartigen Promotions-Feiern mit Kuss des Liesels sind fürs Studium in Göttingen zum Alleinstellungsmerkmal geworden. Foto: Stefan Rampfel

Das sieht dann so aus: Am Ende des Semesters empfangen die frisch examinierten Doktoranden in der Aula der Universität ihre Urkunden. Das können schon gern einmal mehrere Dutzend junge Frauen und Männer sein, die nach der offiziellen Feier von Kollegen aus den Instituten und Angehörigen draußen empfangen und meist mit einem bunt geschmückten Doktorhut ausgestattet werden. Danach geht es auf einem Bollerwagen durch die Fußgängerzone direkt zum Gänseliesel. Etliche Fakultäten haben inzwischen ihre eigenen, teils urig hergerichteten Gefährte. Im Laufe der Jahrzehnte wurden überdimensionierte Gehirne auf den Wagen der Geisteswissenschaften im Stadtbild gesehen, Ärztekarren und rollende Doktorlogen wurden bewegt, mit Luftballonen geschmückte und mit Büchern überladene Wagen gezogen. Mittendrin hockt der bunt behütete junge Doktor oder die Doktorin, die mit perlendem Sekt erfrischt zum Liesel gezogen werden. Dort angekommen, warten Hunderte Schaulustige, hören lustige Reden auf die frisch Promovierten und warten alle darauf, dass die küssenden Kletterer am Ende begossen wie die Pudel mit triefendem Doktorhut vom Brunnen steigen. Denn der obligatorische Kuss, bei dem man früher gern einmal in den Brunnen fiel oder sich den wasserspeienden Gänsen aussetzte,

Auch Ehemalige wollen nochmal küssen

wird heute nicht selten von einem Hagel aus Wasserbomben begleitet. Ein dutzendfaches Spektakel also – und für Brunnen, Baldachin und Gänseliesel immer wieder eine Bewährungsprobe der Standsicherheit.

Und das ist nun nicht nur öffentlich, sondern offiziell erlaubt. Am 7. Juni 2001 anlässlich der 100-Jahr-Feier des Gänselieselbrunnens hob die Stadtverwaltung das Kussverbot auf. Die Doktorfeiern samt Kuss waren inzwischen zu so einem selbstverständlichen Ritual, einem Alleinstellungsmerkmal für das Studium in Göttingen geworden, dass sie zuletzt gar von vielen Uni-Bediensteten als offizielle Betriebsfeier der Fakultäten angesehen wurden. Diese haben nicht nur vielfach ihre eigenen Doktor-Gefährte, sondern stellen gerne auch Mitarbeiter für die Feiern ab und pflegen damit ein für Hochschulen einmaliges Göttinger Promotions-Brauchtum.

Das Landessozialgericht Niedersachsen-Bremen hat freilich im Sommer 2020 den Spielverderber gespielt und die Verhältnisse wieder geradegerückt. Der lustige Göttinger Brauch im Rahmen der akademischen Abschlussfeier, so urteilte es (Aktenzeichen L6U 30/18), sei keine Betriebsfeier. Weder die Teilnahme an dieser Feier noch die am obligatorischen Promotionsumzug unterliege folglich dem Schutz durch die Berufsgenossenschaft für Gesundheitsdienste und Wohlfahrtspflege. Geklagt hatte eine Mitarbeiterin des Max-Planck-Institutes für experimentelle Medizin in Göttingen, die an einem Promotionsumzug zum Gänseliesel teilgenommen hatte. Als sie mit Kollegen den institutseigenen Doktorwagen zurückgebracht hatte, war sie in der Fußgängerzone gestürzt und schwer verletzt worden. Die Berufsgenossenschaft lehnte es ab, ihre Kopfverletzungen und die notwendigen Behandlungen als Arbeitsunfall anzuerkennen, worauf die Frau vor Gericht zog. In erster Instanz sah das Sozialgericht Hildesheim die Göttinger Promotionsumzüge und das anschließende Verbringen des Handkarrens ins Institut durchaus als »Verrichtung einer versicherten Tätigkeit« an. Das Landessozialgericht verwies dann aber auf eine Grundsatzentscheidung des Bundessozialgerichts Kassel aus dem Jahr 1995, wonach Promotionsumzüge eben nicht zum versicherten Teil eines Arbeitsverhältnisses gehörten.

Gänseliesel vom Sockel gestürzt – Göttinger fürchten Einsammeln kriegswichtiger Metalle – Der Rüttler wird Willi gerufen – Leipziger Liesel den metallsammelnden russischen Soldaten wieder abgeschwatzt

Wie aber ist es der Ungeküssten ergangen – dem Leipziger Liesel? Das war in seinem einsamen Garten ja vor jedem Studentenansturm bewahrt geblieben und lag nun, bevor es später mehr als 40 Jahre lang einzig die Beachtung von Kirchgängern fand, zwischen den Trümmern der Colditz'schen Villa im Dreck. Ein Fall fürs Altmetall, wie wir von jenen erfahren werden, die den weiteren Weg des Leipziger Gänseliesels begleitet haben. Doch schauen wir erst einmal, wie es dem Liesel in Göttingen in den Kriegsjahren erging.

Vor der Metallsammlung war die Göttinger Zwillingsschwester in den Jahren des Krieges geschützt gewesen, und auch von Bomben blieb sie verschont. Dennoch waren im Juni 1941 die Sorgen groß, als die Bronzefigur plötzlich vom Markt verschwunden war und die Bevölkerung sofort daran dachte, dass kriegswichtiges Metall, vor allem Edelmetall, in diesen Tagen eingesammelt und geschmolzen wurde. Allerdings waren kunsthistorisch wertvolle Objekte von der entsprechenden Verfügung ausgenommen. Und das Gänsemädchen gehörte natürlich zu diesen geschützten Objekten. Der Grund, warum die Stadt die Figur abbauen ließ, war ein anderer: Unbekannte hatten am Morgen des 17. Juni 1941 das Gänseliesel von ihrem Sockel gerissen. Es hing nur noch an einem Haken. Der Oberbürgermeister lobte sofort eine Belohnung von 1000 Reichsmark für die Ergreifung der Täter aus und ließ die Bronze sichern. Erst am 9. Juni 1943 kehrte das Liesel nach langwieriger Reparatur zurück auf seinen Sockel. »Der Studentenführer« der Universität bedankte sich dafür schon tags darauf bei OB Gnade: »Freudig überrascht haben wir Göttinger Studenten heute das Gänseliesel frisch bekränzt am altgewohnten Platze wahrgenommen. ... entgegen allen unsinnigen Gerüchten ziert es nun wieder das altvertraute Bild unserer Stadt.« Und er versprach, »dass wir alle für die Zukunft das geliebte Gänseliesel in unseren Schutz und in unsere Obhut nehmen.«

Ein Verdächtiger für die nächtliche Freveltat war dank der hohen Belohnung seinerzeit auch gefunden worden. Fast zwei Jahre musste sich ein Sanitätsfeldwebel aus Berlin der Anschuldigungen erwehren.

Erst im März 1943 stellte das Gericht der Wehrmachtskommandantur Berlin das Verfahren wegen Sachbeschädigung gegen ihn ein. Er war zwar mit vom Brunnenwasser nasser Uniform am Tatort gesehen worden, der einzige unabhängige Zeuge der übermütigen Aktion einiger Soldaten auf Heimaturlaub hatte aber ausgesagt, jener Kamerad, der gegen 0.30 Uhr den Brunnen erklommen und am Liesel gerüttelt habe, sei mit dem Vornamen »Willi oder Karl« angerufen worden. Eine weitere Ohrenzeugin erklärte, von Ferne den Ruf »Willi, komm her, lass den Unsinn!« gehört zu haben. Der »Rüttler« könne also, so die Einstellungsverfügung, nur ein »Willi« gewesen sein. Der Verdächtige aber heiße Wolf Dietrich mit Vornamen.

Der Vorfall in Kriegszeiten sollte nicht der einzige dieser Art bleiben. Am 26. Dezember 1945 meldet der Reviervorsteher der Polizei, »dass die Brunnenfigur des Gänseliesebrunnens ... umgestürzt ist. Sie hängt, durch ein Rohr gehalten, am Steinsockel im Brunnen. Die angestellten Ermittlungen nach den Tätern waren erfolglos.« Derartige Meldungen werden noch oft abgegeben, ehe sich die Stadt entschließt, die Originalfigur durch eine Kopie zu ersetzen und so das Nisse-Werk im Städtischen Museum wirkungsvoll zu schützen.

Und das Leipziger Liesel? Auch dieses wurde vor dem Einschmelzen bewahrt. In der Familie Colditz wird erzählt, dass die beschädigte Bronzefigur 1945 nach der Einnahme Leipzigs durch die Rote Armee bereits von russischen Soldaten auf einen Altmetall-Lastwagen verladen worden sei, um sie einzuschmelzen. Ein Familienmitglied habe es den Soldaten mit Engelszungen wieder abschwatzen können. Wer das war, wann und unter welchen Umständen – darüber ist nichts belegt. Eine Familiensage eben. Laut der Erzählung habe man sich in aller Eile eine Expertise beschaffen können, die die Figur als »Kunstwerk« ausgewiesen habe. Dank dieser Bescheinigung habe man sogar Bezugsscheine erhalten, um die beschädigte Figur reparieren zu können. Beim Wurf auf den Laster seien nämlich die Beine der großen Gans abgebrochen, die mit der Hilfe eines Leipziger Künstlers wieder angefügt worden seien. Angeblich habe dieser schon damals Fotos des Göttinger Gänseliesels als Vorbild für die Reparatur benutzt. Danach sei die Bronze in die Obhut von Tante Jutta gekommen, und diese habe irgendwann nach einer sicheren Bleibe für ihr Gänseliesel gesucht. Die fand sie schließlich ausgerechnet beim Vater der wichtigsten Gänseliesel-Biografin, Dr. Helga-Maria Kühn. Aber das wird sie uns noch selbst erzählen.

Ein Pastor gewährt der Leihgabe einer Kanzelschwalbe Kirchenasyl – Herr Kühn entdeckt die Doppelgängerin – Dornröschenschlaf bis zum Ende der DDR – Ein Privatgelehrter plaudert es aus

Kommen wir nun also zu Pastor Kühn. Hermann Kühn kam 1952 zur Leipziger Sankt-Andreas-Kirche, wurde 1960 ihr Pfarrer und blieb es bis zu seinem Ruhestand 1967. Das Gotteshaus stand unweit der Rennbahn in der Leipziger Südvorstadt, unweit auch des Musikviertels, wo einst das Leipziger Gänseliesel bis zum Bombenangriff 40 Jahre lang im einsamen Villengarten verbracht hatte. Auch die Andreaskirche wurde 1943 von den Bomben getroffen. 1958 wurde die beschädigte Kirche auf Befehl der DDR-Behörden sogar gesprengt. Nach der Zerstörung fanden Gottesdienste in dem 1949 erbauten Gemeindehaus mit seinem kleinen, von außen kaum einsehbaren Garten statt. Auch Pastor Kühn wirkte hier.

Kühns Tochter heißt Helga-Maria, ist Historikerin, hat in Potsdam studiert, in Göttingen promoviert und ist 1961 nach dem Mauerbau in den Westen geflohen. »Ich bin getürmt – in der Nacht vom 16. auf den 17. Dezember 1961, über die neue Mauer«, sagt sie. Ein Glück für Göttingen, denn Dr. Helga-Maria Kühn ist Göttingens Stadtarchivarin geworden. Das war schon vor ihrer Promotion ihre Passion. Nach Stationen im Institut für Archivwissenschaft in Potsdam und im Brandenburgischen Landeshauptarchiv war sie Geschäftsführerin beim Evangelischen Konsistorium Berlin-Brandenburg, also der Provinzialsynode geworden. In jener Zeit, so erinnert sie sich schmunzelnd, habe sie mitgeholfen, die Bibliothek Friedrich des Großen aus einem Schweinestall zu retten. Nach der Flucht studierte sie in Göttingen und promovierte unter Hermann Heimpel. Von 1974 bis 1996 leitete sie das Göttinger Stadtarchiv, verfasste zahlreiche Schriften im Göttinger Jahrbuch und erforschte dabei auch die Entstehungsgeschichte des Gänseliselbrunnens. Dass aber das bronzene Liesel eine Zwillingsschwester in Leipzig hat, das fand sie nirgendwo in den Archivakten – das wusste sie nur von ihrem Vater und dessen Gemeindeschäfchen.

Und das kam so: Als Vater Kühn 1952 in die Sankt-Andreas-Gemeinde kam, gehörte auch eine Tochter aus der Industriellenfamilie Colditz der Gemeinde an. »Tante Jutta«, wie sie die Familie nannte, galt als »Kanzelschwalbe« – als unverheiratete Frau, die als besonders treues und eifriges Gemeindemitglied überall in Kirche und Gemeindehaus zu finden war, wo es Mithilfe brauchte. Bei »Tante Jutta« war nach dem Krieg und nach der Rettung vom Altmetalllastwagen der Russen das beschädigte Bronzekunstwerk verblieben – versteckt, sollte man besser sagen. Sie fragte den neuen Pastor, ob er der Brunnenfigur nicht Kirchenasyl bieten könne, denn die Familie Colditz war inzwischen von der russischen Besatzungsmacht enteignet worden, besaß weder Häuser noch Grundstücke, also keinen Platz für ein so großes Kunstwerk. Das Ansinnen war heikel. Im Arbeiter- und Bauernstaat kapitalistische Kunstwerke von ehemals Großindustriellen zu verwahren, hätte für die Kirchengemeinde heftigen Ärger mit der Einheitspartei geben können. Dass Adelige oder Großbürger nach 1945 versuchten, Wertgegenstände mit der Hilfe der Kirchen über die Zeit zu retten, war in der jungen DDR keine Seltenheit. Pastor Kühn zeigte Mut, und so zog das stille Bronzemädchen irgendwann nach 1952 in den einsamen Garten am Gemeindehaus ein. Dort verfiel es erneut fast 40 Jahre in den Dornröschenschlaf, war der Garten doch – das bestätigen Mitarbeiter der Pfarrei – damals und ist noch heute nicht gerade öffentlich. Nur Gottesdienstbesucher bekamen die Bronzefigur je zu Gesicht. Blicken von außen ist das Grundstück durch einen hohen Wall und Bewuchs verborgen. Heute ist selbst unter den ältesten Kirchgängern niemand mehr zu finden, der sich an das bronzene Mädchen auf seinem grünlichen Gänsesockel erinnern kann. Kaum jemand hat es dort in seinem Kirchenasyl beachtet.

Erst als Ende 1967 der pensionierte Pastor in den Westen zog und später beim Besuch der Tochter in Göttingen mitten auf dem Markt die Doppelgängerin vorfand, muss ihm klar geworden sein, welchen Stellenwert jenes Göttinger Gänseliesel inzwischen besaß, deren Doppelgängerin er all die Jahre in seinem Pfarrgarten beherbergt hatte. Diese war in Leipzig geblieben – und blieb es auch unter Kühns Nachfolgern bis zum Ende der DDR.

Wie genau es aber gekommen ist, dass es zwei identische Gänseliesel gibt, und welches zuerst gegossen wurde, das mag Vater Kühn da-

Gartenidylle mit Brunnenfigur neben dem Gemeindehaus: Diese Aufnahmen machte Pastor Kühn vom Leipziger Gänseliesel, ehe er in den Westen übersiedelte. Foto: privat/Repro: Gückel

mals nicht gewusst haben – vielleicht hat er es von den Eigentümern auch nie erfahren. Viele Jahre später hat die Stadtarchivarin es dann aber doch genauer wissen wollen. Sie schrieb im Sommer 1983 einen Brief an Jutta Colditz nach Leipzig, sandte einen Gruß der Eltern, die ihr ja wohl bekannt seien, und bat um Auskunft, wie eigentlich das Liesel-Double in die Familie gekommen sei. »Mein Vater wußte sich zu erinnern, daß einer der beiden Herren (Nisse oder Stöckhardt) Ihrem Elternhaus gut bekannt war und für Ihr Anwesen ein Doppel des Gänseliesels fertigte.« Das Göttinger Tageblatt, schrieb Kühn, suche seit geraumer Zeit weitere Brunnen zu ähnlichen Themen, und sie wolle dafür das Foto, »das mein Vater vor seinem Weggang knipste, in der Zeitung bringen, nur wüßte ich gern die genaue Legende zu diesem Leipziger Kunstwerk«. Sie dankte für die Mühe, grüßte freundlich – und erhielt nie eine Antwort aus der DDR.

»Tante Jutta« schwieg, und man kann sie heute nicht mehr fragen. Wer sonst aus der Familie Colditz könnte noch etwas wissen? Die Recherche führt von Leipzig nach Colditz an der Mulde, ins nahe Sornzig, weiter ins Kloster Marienthal mit seiner Stiftung Dr. Ludolf Colditz. Und schließlich erinnert sich eine heute in Berlin lebende Urenkelin des Stifters eben jener Liesel-Figur im Familienbesitz. Über die habe doch schon einmal etwas in der Zeitung gestanden. Ihr Vater habe noch zu DDR-Zeiten darüber Auskunft gegeben – in Göttingen. Dort habe die Familie nämlich zuletzt gelebt, während die Bronze weiter im Pfarrgarten stand. Und dann erinnert sich die Colditz-Urenkelin ihrer Freundin Renate, mit der sie sich in der Göttinger Schulzeit angefreundet hatte, die beim Tageblatt ein Volontariat gemacht und sich damals für die Doppelgängerin brennend interessiert habe. Die Freundin habe damals mit dem Vater auch ein langes Gespräch geführt und in der Zeitung berichtet. Aber wann? Und warum findet sich dieser Text weder im Stadtarchiv noch im Archiv des Göttinger Tageblattes?

Zumindest die Autorin ist rasch gefunden. Sie ist heute 79 und lebt inzwischen in Hannover. Renate Jahn erinnert sich gut des charmanten alten Herrn, Vater der Freundin, mit dem sie ganz am Beginn ihrer Journalistenlaufbahn zusammensaß und der vom Gänseliesel im Pfarrgarten-Asyl plauderte. »Er konnte wunderbar erzählen – wie ein Privatgelehrter.« Sie weiß auch noch, wo sie sich mit ihm traf, dass sie seinen Namen weglassen musste, was die Sache schwierig machte, wie lang ihr Text ausfiel, welcher Fotograf (»Der, der wütend seine Negative verbrannt hat, als er aus der Zeitung ausschied«) die Aufnahmen machte. Aber den gedruckten Artikel, den habe sie natürlich nicht mehr. Man könne ja in einem langen Journalistenleben nicht alles aufheben. Und obwohl vom Abitur (1965) über das Volontariat (1967) bis zu den Jahren als Jungredakteurin (bis 1971) Renate Jahns Zeitungszeit genau rekonstruiert werden konnte – der fragliche Gänseliesel-Text bleibt auch nach zweiter Archivrecherche in der fraglichen Zeit unauffindbar. Wurde er je gedruckt? Oder war den Zeitungsverantwortlichen der Text einer jungen Volontärin über ein angebliches zweites Gänseliesel in der DDR, über das in Göttingen ein Privatgelehrter plaudert und dessen Existenz nicht einmal überprüfbar ist, dann doch zu gewagt? Wollte in Göttingen überhaupt jemand etwas lesen über ein zweites Gänseliesel, das den Mythos des Originals auf dem Markt ins Wanken zu bringen drohte?

Ein Polizeiinspektor mag nicht gegen sitzende Besatzer vorgehen – Kampf der Burschenschaften ums Liesel – Baldachin-Bruchstücke als Souvenir – Die Wetterfahne kehrt aus Finnland heim – Der Gänselieselbrunnen soll den Omnibussen weichen

Während in Leipzig also das Liesel erst aus der Hand der Russen gerettet, dann versteckt und schließlich ins Kirchenasyl geschickt wird, bleibt die Göttinger Schwester nach Kriegsende im Mittelpunkt des Geschehens. Wo einst Kriegsfreiwillige, später Kriegsgefangene und jetzt Kriegsinvaliden antraten, scharen sich nach 1945 nun die Soldaten der Besatzungsmacht. Der Brunnen ist auch für sie beliebter Treffpunkt. Ein Foto mit dem Liesel oder eine Postkarte mit dem Brunnen wird gern nach Hause geschickt, und das stilisierte Motiv des Göttinger Wahrzeichens wird auch bald zum Andenken für die in Göttingen stationierten britischen Truppen. Dünne Birkenholzabschnitte, auf denen die Brunnenfigur aufgemalt oder eingebrannt ist, werden laut Meinhardt zum beliebten Souvenir und zu Hunderten verkauft.

Aber der Umgang mit den neuen Machthabern wirft noch andere Fragen auf: Gilt für sie, was für deutsche Bürger gilt? Am 25. August 1948 schreibt ein hiesiger Polizeiinspektor an den Oberstadtdirektor:

Das Betreten des Gänseliesebrunnens, erinnert er, sei ja laut Straßenverordnung vom 21. März 1935 verboten. Also auch das Sitzen auf dessen Rand. Nun sei aber zu beobachten, dass dort vor allem Angehörige der Besatzungsmächte und Wartende auf den Omnibus sowie Kinder auf dem Brunnenrand Platz nähmen, da es andere Sitzgelegenheiten nicht gebe. Das Einschreiten der Polizei dagegen könne nun aber nur gegen Deutsche stattfinden, »während die englischen, amerikanischen und norwegischen Soldaten sitzen bleiben würden. Ein solches Vorgehen der Polizeibeamten würde begreiflicherweise den Unwillen der Bevölkerung hervorrufen«. Daher bat der Inspektor um das Einverständnis, von einem Einschreiten gegen solche Verstöße abzusehen.

Offiziell verboten, aber nicht zu ahnen: Britische Besatzungssoldaten sitzen verbotswidrig auf dem Brunnenrand. Foto: Imperial War Museum London

Derartige polizeiliche Machtlosigkeit war in Göttingen kein Einzelfall. Oft war es die schiere Masse an Menschen, vor der der Brunnen selbst bei bestem Willen der Ordnungshüter nicht geschützt werden konnte. Im Sommer 1951 etwa, als in Göttingen der 50. Jahrestag des Wahrzeichens gefeiert wurde. Tageblatt-Fotograf Hundertmark nahm an diesem Tag gleich mehrfach den Sturm auf den Brunnen in immer neuer Besetzung auf. Erst habe eine Gruppe freier Studenten den Brunnen erklommen, deren Sprecher vom Brunnenrand herunter eine Rede gehalten habe, dann hätten Verbindungsstudenten das Wahrzeichen erstürmt und von oben herab das »Gaudeamus igitur« angestimmt. In einer weiteren Meldung der Göttinger Presse vom 18. Juni 1951 heißt es: Zwischen Mitgliedern des Bundes demokratischer Studenten und den Korporationsstudenten »kam es um ein Transparent zu kleinen Plänkeleien, die schnell beendet werden konnten. Ein Student fiel dabei in den Brunnen.«

Souvenirs aus Birkenholz oder Postkarten waren das eine, Sachbeschädigungen am Baldachin des Brunnens aber waren eine andere Sache, bei der das Auge des Gesetztes scharf hinsah. So beschreibt am 12. Juli 1952 Polizeimeister Forstmann, wie er in der Nacht zuvor einige Studenten aufgegriffen hatte, die sich am Brunnen zu schaffen gemacht hatten. Dabei sei im Becken ein abgebrochenes Stück der Baldachin-Verzierung, von der schon manches fehlte, aufgefunden worden. Der beschuldigte Student habe sich mit seinen sechs Semestern Jura gebrüstet und arrogant getan, seine Personalien seien aber festgestellt worden. Zur mutmaßlichen Sachbeschädigung komme zudem erheblicher Lärm, über den sich Anwohner beschwert hätten. Der beschuldigte Student beweist ein paar Monate später, nachdem die Staatsanwaltschaft Anklage erhoben hat, dass sein Jurastudium nicht umsonst war: Er gesteht, betont aber, dass die Verzierung unbeabsichtigt abgefallen sein müsse, weil sie schon angebrochen gewesen sei. Er wolle aber dafür sorgen, dass die Verzierung sachgemäß wieder angeschweißt werde. Es habe sich ja nur um einen »Studentenulk« »im Zustand leichter Trunkenheit« gehandelt. Daraufhin wurde das Verfahren eingestellt.

Viele andere der Verzierungen des Baldachins, die offenbar als Souvenir abgebrochen wurden, sind nie wieder aufgetaucht. Anders die Wetterfahne, die einst ganz oben auf der gusseisernen Laube thronte und im Laufe der Jahrzehnte – wann genau, ist unklar – abhandenkam. 1979 ist sie in Finnland wieder aufgetaucht. Ein Göttinger sorgte dafür, dass sie zurück in die Heimat kam – wo sie mindestens acht Jahre lang noch niemand vermisst hatte. Und das kam so: Der Göttinger Herting Treusch von Butlar hatte bei einem Finnlandurlaub einen alten Kommilitonen besucht. In dessen Wohnzimmer hing seit seiner Rückkehr eine schmiedeeiserne Wetterfahne, die er einst bei einem Göttinger Trödler als Andenken an seinen deutschen Studienort erstanden hatte. Erst Jahre später, so habe der Finne berichtet, sei ihm beim Anblick einer alten Postkarte vom Gänseliesebrunnen aufgefallen, dass dort eine Wetterfahne abgebildet war, wie er sie mit in die Heimat genommen habe. Nun wolle er, schreibt das Göttinger Tageblatt 1979, »seiner Universitätsstadt einen kulturhistorischen Dienst erweisen«. Doch in Göttingen war man anfangs gar nicht überzeugt, dass das Stück aus Finnland überhaupt zum Baldachin gehörte. Erst als der Vater von Butlars, der als Stadtführer ein profunder Kenner auch der Gänseliesel-Geschichte war, anhand alter Bauzeichnungen den Nachweis erbrachte, nahm die Stadtverwaltung das zurückgekehrte Stück Gusseisen dankend an.

Das war aber keineswegs der erste Fall einer Wetterfahnen-Rettung. Schon am 24. Juni 1955 hatte die Polizei laut einem Funkstreifendienst-Bericht zwei Studenten erwischt, die den Brunnen erklettert und die Wetterfahne demontiert »und dabei beschädigt« hatten. »Die abmontierte Wetterfahne wurde sichergestellt und ist gegen Quittung (...) dem Stadtbauamt übergeben worden. Strafanzeige wurde vorgelegt.« Man hätte also gewarnt sein können! Und dennoch merkte Jahre später niemand, dass das gute Stück erneut fehlte.

Ungleich größer war die Aufregung in der Öffentlichkeit freilich, als es in den Jahren von 1950 bis 1955 nicht nur um die Unversehrtheit, sondern gleich um den ganzen Brunnen ging. Im Rathaus hatten sich die Verkehrsexperten Gedanken über den verkehrstauglichen Ausbau und die Gestaltung der Innenstadt gemacht und dabei an das angeknüpft, was schon in den 30er Jahren diskutiert worden war. Der Gänseliesebrunnen war ihrer Planung im Wege, weil insbesondere für den Omnibusverkehr mehr Raum nötig sei. Damals hatte es zunächst gereicht, lediglich die 24 Prellsteine an den Stufen des Brunnens zu beseitigen. Nach dem Krieg nun aber kam die Diskussion erneut auf. Der Brunnen müsse, so hieß es, entweder näher in Richtung Rathaus versetzt werden oder ganz verschwinden. Nachdem das Göttinger Tageblatt im Sommer 1950 von den Plänen berichtet hatte, gab es so viele Leserbriefe, dass sie am 7. Juni in einem Text mit dem Titel »Das Gänseliesel muss bleiben« zusammengefasst wurden. So schrieb etwa ein Oberregierungsrat für den Verschönerungsverein, dieser »hatte seit dem riesenhaften Anwachsen der Bevölkerung mehrfach Anlass, sich gegen verkehrstechnische Vorschläge zu wenden, die bar allen Schönheitssinnes auf eine Verschandelung der Stadt hinauslaufen.« Nun solle also der »historisch reizvolle Marktplatz unter Beseitigung des Gänseliesebrunnens in einen staubigen Stadtbahnhof« verwandelt werden. »Ob sich dann noch Gäste auf der Sommerterrasse vor dem Rathaus einfinden werden, die den Staub und den Gestank der Busse in Kauf nehmen, erscheint doch sehr zweifelhaft.« Spöttisch bemerkt er: Da könne man auch gleich das viel zu kleine Rathaus abreißen und einen ausreichend großen Parkplatz für Kraftwagen bauen. In einem Text vom 2. April 1955 in der Göttinger Presse wird die Position der Verkehrsplaner so skizziert: »Ein Denkmal mitten im Herzen der Stadt, das noch dazu keine besondere Bedeutung habe, sei zu hinderlich. Zu der Zeit, als das Gänseliesel erstellt wurde, wären andere Verhältnisse vorherrschend gewesen.« Und fett gedruckt als Fazit heißt es: »Aber so, wie das Stadtbauamt um jeden Baum ... kämpft, genau so vertreten die Verkehrsfachleute die Meinung, daß die Ansichten der Göttinger Bürger von 1900 nicht mehr die Auffassung der Göttinger Einwohner des Jahres 1955 entsprächen. Wobei also abzuwarten wäre, welche Meinung für die Zukunft die stärkste ist.«

Ein Limerick von Käthe Rütjeroth, veröffentlicht 1972 in einer Fernsehzeitschrift, fasste damals die mehr als vier Jahrzehnte während Debatte um Marktbrunnen und Autobusverkehr in der Göttinger Innenstadt so zusammen:

»Ein junger Doktor aus Zwiesel
Küßte das Göttinger Gänseliesel.
Er dachte beim Kusse:
Hier fahren die Busse –
Wie schmeckt die Holde nach Diesel!«

Es wurde noch viel diskutiert. Erst 1968 wurde der Marktplatz tatsächlich umgestaltet und der Brunnen auf seinen heutigen Platz versetzt. Bei dieser Gelegenheit wurde eine neue Brunnenschale von einer Göttinger Steinmetzfirma angefertigt, denn die alte, geflickte Originalschale war durch die vielen Reparaturen unansehnlich geworden. Sie steht noch immer auf dem Hof eines Göttinger Industriebetriebes.

Gänseliesel im Ruß der Omnibusse: Der Göttinger Marktplatz war einst zentraler Busbahnhof. Selbst der Brunnen sollte nach dem Willen einiger Stadtplaner dem Verkehr weichen. Fotos: Sammlung Andreas John, Omnibusfreunde Göttingen

Die kleine Bronzefigur aber blieb die alte. Und die Beschädigungen daran durch die Kletterei der Studierenden gingen weiter. Erst in den späten 80er Jahren, nachdem abermals einem der kleinen Gänse ein Kopf fehlte, entschied sich die Stadt, wenigstens das Original des Gänseliesels in Sicherheit zu bringen und durch eine Kopie zu ersetzen. Es wurde ein Hologramm gefertigt, das einer bayrischen Gießerei als Vorlage für den Nachguss diente. Alternativ hatte ein in Göttingen lebender Italiener – von dem noch die Rede sein wird – der Stadt angeboten, den Nachguss in Neapel anfertigen zu lassen. Die dortige Gießerei wollte einen Silikon-Abguss anfertigen, so dass die künftige Stellvertreterin auf dem Marktplatz mit dem Original völlig identisch gewesen wäre. Den Stadtvätern waren die dafür verlangten 25.000 Mark zu viel. Sie wählten die preiswertere, wenngleich nicht ganz so genaue Lösung. Und 1990 schließlich zog das originale Göttinger Gänseliesel ins Städtische Museum, seine Stellvertreterin aber auf den Sockel am Markt. Seitdem gibt es drei lebensgroße Gänseliesel – zwei Originale und einen Nachguss.

Göttingerin im Glücks-Königreich – Dass das Liesel keine Märchenfigur ist, kann man in Japan nicht wissen – Nummer vier schwebt ein am Helikopter

Drei Gänseliesel? Nein, es sind sogar vier – findet sich doch inzwischen eines im fernen Japan.

Im Sommer 1989 wurden Oberbürgermeister und Verwaltungsspitze der Stadt Göttingen von Atsuo Nishi, dem Präsidenten einer japanischen Investitionsgesellschaft, zur Eröffnung eines Freizeitparks in Obihiro auf der Insel Hokkaido eingeladen. Eröffnet werden sollte ein »Glücks-Königreich« – quasi ein Nachbau jener Touristenattraktionen, wie sie japanische Touristen in Deutschland finden können, wenn sie wochenlang entlang der Deutschen Märchenstraße von Stadt zu Stadt reisen. Auf Hokkaido wurde unter Beratung eines deutschen Denkmalpflegers und mit zahlreichen deutschen Handwerkern ein Mini-Märchenstraßen-Land errichtet. Ganze 22 naturgetreue Nachbauten von Plätzen, Denkmälern, Brunnen und Häusern gab es, darunter ein Schloss und eine Kirche, wie sie zwischen Nordhessen und

Die ehemalige Tourismus-Chefin Ulla Borchard mit Gänseliesel Nummer vier: In Japan steht eine Kopie des Göttinger Wahrzeichens in einem Märchenpark vor dem nachgebauten Amtshaus von Steinau. Foto: privat/ Repro: Gückel

Bremen entlang der Fulda und Weser zu finden sind. Auch Göttingen gehört ja dem Verbund der Deutschen Märchenstraße an – darum die Einladung. Oberbürgermeister Rolf Vieten schickte seine Tourismusexpertin, Ulla Borchard. Schließlich kümmerte sich die ehemalige Tageblatt-Redakteurin und Chefin des Fremdenverkehrsvereins damals neben Tourismus und Städtepartnerschaften auch um die Märchenstraßen-Themen.

Man muss dazu wissen: Die Deutsche Märchenstraße wirbt international für Besuche in einem Deutschland, das mit seinen historischen Sehenswürdigkeiten noch stark an die Märchen der Brüder Grimm erinnern soll. Göttingen ist Mitglied, war dabei aber meist nicht durch seine tatsächlichen Märchen-Bezüge – die Grimms, die Enzyklopädie des Märchens oder die Märchen-Waldbühne in Bremke –, sondern vor allem durch die Figur des Gänseliesels vertreten. Das Liesel aber ist, wie wir zwar wissen, die Japaner aber nicht, keineswegs eine Märchenfigur – zumindest war sie es 1989 noch nicht. Nun aber zierte ausgerechnet ein Foto der Bronze vom Göttinger Markt das Cover des großen Märchenstraßen-Bildbandes.

Ulla Borchard reist also nach Japan, wird von Atsuo Nishi herzlich empfangen und in den neuen Themenpark gebeten – und dann schwebt vom Himmel herab an einem Hubschrauber das Göttinger Gänseliesel samt Baldachin und wird auf den vorbereiteten Brunnen gesetzt, der dort in Japan gleich vor dem Amtshaus von Steinau und unweit weiterer 20 nachgebauter historischer deutscher Bauwerke steht. »Ich dachte, ich sehe nicht richtig – ich war so perplex«, erinnert sich Borchard. Bis heute rätselt die Journalistin, wie die Japaner es hinbekommen hatten, die Brunnenfigur heimlich auszumessen und so naturgetreu nachbauen zu lassen. Es soll nur einige, kaum erkennbare Unterschiede zum Original geben.

Geburtstagsgrüße der Leipziger Schwester – Dornröschen wird nicht wachgeküsst, sondern weggesperrt

Doch kehren wir aus dem fernen Japan zurück zum Göttinger und zum Leipziger Gänseliesel! Zurück auch in der Zeitrechnung – um drei Jahre. Im Sommer 1986 feierten die Göttinger den 85. Geburtstag ihres Wahrzeichens. Anlässlich des Festes erinnerte Stadtarchivarin Dr. Helga-Maria Kühn die Göttinger daran, dass es da ja noch eine Doppelgängerin gab. Sie verfasste im Namen der Leipzigerin einen Brief: »Hallo – unbekannte große Schwester ...«, schrieb sie. Nicht ganz korrekt, denn wir wissen längst, dass die Meistgeküsste die jüngere Schwester ist. »Ja, Du hörst richtig, eine leibhaftige Schwester, eine echte Verwandte, findet sich als Gratulantin zu Deinem 85. Geburtstag ein und möchte Dir etwas anvertrauen, was bisher nur wenigen bekannt war. Du brauchst nicht zu erschrecken, ich nehme Dir nichts von Deinem Ruhm und Deiner Beliebtheit.« Und weiter heißt es in dem mehr als eine halbe Tageblatt-Seite langen Brief vom 7./8. Juni 1986 an die bronzene Schwester: »Obwohl wir aus **einem** Elternhaus in Berlin stammen, sind wir uns nie begegnet.« Auch daran gibt es Zweifel: Als beide Liesel im Jahr 1900 dem Berliner Fotografen Kemnitz Modell standen, da mögen sie sich doch schon begegnet sein: das Göttinger Liesel noch als Tonmodell, das Leipziger schon fertig gegossen.

In dem Brief schildert die Stadtarchivarin die Entstehungsgeschichte der Figur und kommt zu Paul Nisse: »Unser gemeinsamer Vater, der Berliner Bildhauer, hat offenbar an seiner Schöpfung so viel Gefallen gefunden, daß er dem Bronzegießer den Auftrag gab (...) gleich noch ein weiteres ›Gänsemädchen‹ (...) zu gießen. Dem Magistrat hat er die Zwillingsschwester, die für den Privatpark eines Leipziger Fabrikanten bestimmt war, verheimlicht, denn sonst wäre ich in Eurem Stadtarchiv sicher aktenkundig und manchem Bürger der Stadt im Laufe der Jahrzehnte bekannt geworden.«

Der Brief endet mit dem Wunsch: »Wir werden einander wohl nie sehen, unsere Aufgabe hält uns fest an unserem Platz, doch ich würde mich freuen, wenn ich hin und wieder einmal Besuch von Göttingen erhielte, die mir Grüße von Dir bringen. Herzlichst Deine Leipziger Schwester«.

Vorerst war es mit dem Tourismus von und nach drüben noch schwierig, aber lange sollte die DDR nicht mehr existieren. Besuch kam dann tatsächlich, vier Jahre später. Grüße hatte der Göttinger Kaufmann, inzwischen Oberhaupt der Colditz-Erbengemeinschaft, allerdings nicht mitgebracht. Er erbat von der Kirchengemeinde sein Eigentum zurück und nahm das Leipziger Liesel mit. Man händigte es ihm offenbar ohne viel Federlesens aus. In den Aufzeichnungen der

Gänseliesel in der Kiste: Jahrelang lagerte das Leipziger Gänseliesel nach der Abholung aus dem Pfarrgarten in einer Holzkiste im Keller.
Foto: Eigentümer privat

Kirchengemeinde findet sich heute nichts darüber, wann das Bronzemädchen seinen Platz verließ und wer es entführte. Der Wechsel der bronzenen Schönheit vom Dornröschenschlaf im Pfarrgarten in den Gartenschuppen bei Göttingen erwies sich für das Mauerblümchen-Lieschen aber nicht gerade als Verbesserung: Das einzige Foto, das nach 1990 vom Leipziger Liesel existiert, zeigt die Figur eingesperrt in einer dunklen Holzkiste.

Die gefeierte Repräsentantin und das versteckte Kellerkind

Begegnung am Findling mit Folgen – Salvatore aus Italien überredet Luis aus Ecuador – Hinterm Pizzaofen entsteht das neue Mini-Gänseliesel – Die Seife hat nicht geflutscht und das Schneegestöber ist verklumpt – Modell vom Leipziger Liesel wird zum Double für Göttinger Schwester

Nicht nur Japaner können Kunstwerke abkupfern. Das konnte auch ein Künstler aus Ecuador – und das im Auftrag eines Italieners. Im Mittelpunkt: schon wieder das Gänseliesel!

Im Sommer 1987 gab es in der Göttinger Fußgängerzone im Rahmen des damaligen Kunstmarktes eine Art öffentlichen Workshop der Bildhauerei. Der ecuadorianische Künstler Luis Guerrero, geboren 1938 in Quito, bearbeitete vor aller Augen einen riesigen Brocken Glaukonit. Der zwei Meter hohe Stein aus einem Baggerloch bei Düsseldorf-Kalkum wurde vom ehemaligen Meisterschüler (1971) von Joseph Beuys' in neue Form geschlagen. Heute steht der bearbeitete Findling in der Leineaue zwischen Groner Landstraße und Godehardstraße in Höhe der Volkshochschule. Das Kunstwerk trägt den Namen »Begegnung«.

Als Luis Guerrero 1987 noch öffentlich an dem Stein arbeitete, kam es zu einer folgenschweren Begegnung. Guerreros Konzept war es, die Menschen vor Ort in den Entstehungsprozess seiner himmelwärts schauenden Skulptur einzubeziehen. Es seien »zahlreiche fruchtbare Gespräche geführt« worden, heißt es auf der Internetseite zu »Brunnen – Denkmale – Kunstwerke« der Stadt Göttingen. Wie fruchtbar, das ahnte niemand, als die Website erstellt wurde. Denn einer, der sich einbeziehen ließ in Guerreros Arbeit, war der in Göttingen lebende Italiener Salvatore Ciniglio. Und der hatte eine ganz andere Idee: Könne er denn, fragte er den Bildhauer, auch ein fertiges Kunstwerk in kleinerer Abmessung nachformen – zum Beispiel das Gänseliesel? Luis Guerrero konnte, und er tat es auch. Schließlich lebte er vorübergehend in Göttingen und hatte nach seiner Bildhauerarbeit in der Fußgängerzone genug

Zeit, hinüberzugehen zum Gänselieselbrunnen und in aller Muße Form, Gestalt und Ausdruck des Brunnenmädchens und seiner Gänse nachzuempfinden. Und zum Glück, so erinnert sich Ciniglio, habe der Bildhauer ein »geradezu fotografisches Talent« besessen. Nur mit den Augen habe er das hoch oben auf dem Brunnen stehende Bronzemädchen »vermessen und nachgebildet«. Lediglich die fehlende Knopfleiste und das durchgehende Stoffdekolleté sowie etwas weniger ausgearbeitete Haare unterscheiden Guerreros Werk von Nisses Original.

Salvatore Ciniglio, inzwischen im Rentenalter, kam als junger Mann 1980 im Urlaub nach Göttingen. Er hatte in Italien in der kommerziellen Versteigerungsbranche gearbeitet und guten Kontakt zu Kunsthandel, Galerien und auch zu Gießereien. In Göttingen hatte ihm der Chefbeleuchter des Deutschen Theaters, Renzo Boccachi, ein Landsmann, zunächst einen Job in einem Möbelhaus besorgt, wo er Deutsch lernen konnte. Später stieg er in die Gastronomie ein, hatte ein Restaurant in Bad Lauterberg und später die Pizzeria Napoli in Göttingen. Als er 1987 mit dem Bildhauer ins Gespräch kam, erwachte wieder seine Liebe zur Kunst. Auf die Idee gebracht hatte ihn ausgerechnet die Abwesenheit des Originals. Das war ja nach Beschädigungen abgebaut und durch eine gleich große Kopie ersetzt worden, während der Guss aus dem Jahr 1901 ins Museum wanderte. Ciniglio bat Luis Guerrero, ihm das Gänseliesel in Miniaturgröße zu formen. Dann wollte er in Italien seine Kontakte spielen und einen Mini-Nachguss anfertigen lassen.

So geschah es. Mit der noch frischen Tonform des verkleinerten Gänseliesels, eingewickelt in ein feuchtes Geschirrtuch, fuhr Salvatore in aller Vorsicht und im Schneckentempo nach Italien. Das Bozzetto von Guerrero durfte ja nicht zu schnell austrocknen und eventuell gar reißen. In einer Gießerei in Neapel ließ er sich dann eine Silikonform davon anfertigen – 30 Teile, die er noch heute in seinem Keller hat. Sein erster Versuch, daraus eine Bronze gießen zu lassen, kam ihn teuer zu stehen. Die Gießerei verlangte für drei Güsse 3000 Mark. Und ein Göttinger Kunsthandelsunternehmen war wenig kooperativ, erinnert er sich. Dort habe man ihm zwar die Form abkaufen, ihn aber an Guss und Verkauf weiterer Exemplare nicht beteiligen wollen. Damit war der Plan, das Gänseliesel in den Kunsthandel zu bringen, vorerst gescheitert.

Dann kam ihm die Idee! Mit dem kleinen Bronzeguss im Arm, eingewickelt in jenes Geschirrtuch, das schon das Tonmodell auf dem Weg in die Gießerei beherbergt hatte, marschierte Ciniglio im Frühjahr 1988 ins Alte Rathaus. Dort saß die Göttinger Tourist-Info. »Das werde ich nie vergessen«, erinnert sich deren Chefin Ulla Borchard. »Mitarbeiterin Margret Beinhorn kommt rein und sagt: ›Da draußen steht einer mit 'nem Geschirrtuch!‹ ›Soll mal reinkommen!‹« Was der Italiener dann aus dem Tuch wickelte, hat Borchard begeistert. »Ich war entzückt!« Auf dem Tisch des Fremdenverkehrsvereins stand ein 40 Zentimeter hohes bronzenes Liesel mit Gans, Korb und Gösseln und wartete auf Vervielfältigung. Per Handschlag wurde man sich sofort einig. Oberbürgermeister Rolf Vieten orderte umgehend 75 Stück. Später sollten jährlich weitere etwa zehn Exemplare aus Bronze gegossen werden. Mehr konnte Ciniglio nicht auf einmal bei seiner Gießerei in Neapel bekommen. Die Stadt wollte die Gänseliesel-Repliken zu besonderen Anlässen hochverdienten Göttingern schenken, sie aber auch über die Touristen-Zentrale verkaufen lassen. »Und was sollen die nun kosten?«, habe sie Vieten gefragt. »Welches Jahr haben wir gerade? 1988! Na dann also 1988 Mark das Stück«, habe der Oberbürgermeister auf Borchards Frage geantwortet.

Gänseliesel in Hülle und Fülle: In verschiedensten Materialien und Größen sind die Göttinger Mini-Gänseliesel entstanden, auch als Schneekugel, Seife, auf Fingerhüten oder Stocknägeln. Foto: Gückel

Originale Form für viele Nachgüsse: Salvatore Ciniglio mit Teilen der Silikonform, die er 1988 in Italien hat anfertigen lassen. Foto: Gückel

Das Gänsemädchen im Miniformat wurde der Renner. Bald hatte es sich herumgesprochen, woher die Bronzegüsse stammten. Die Sparkasse, einige Unternehmen, aber auch Privatleute wollten beim Göttinger Gastronomen direkt bestellen. Der Seniorchef eines großen Lebensmittelbetriebes etwa: »Salvatore, ich kauf dir ein Gänseliesel ab.

Aber du musst mir dann ein Essen spendieren.« Wer aber als Künstler hinter der Replik steckte, das hat Ciniglio nie verraten – bis jetzt.

Nun also ist es raus: Luis Guerrero war es. Der ist dem Italiener nicht böse, dass er ihn nach so vielen Jahrzehnten doch noch verraten hat, obwohl dieses Geheimnis aus Respekt vor dem Künstler Paul Nisse eigentlich gewahrt bleiben sollte. Das Gänseliesel sei ja die erste und einzige Kopie, die er je gemacht habe, sagt der heute bei Berlin lebende Künstler. Nicht, um zu kopieren, sondern um dem Tourismus der schönen Stadt zu helfen, die er liebe. »Ich bin ein Göttinger«, sagt Guerrero. Sie sei für ihn eine »wertvolle Stadt mit einzigartiger Architektur«. Dass er sich so in Göttingen verliebt habe, auch immer wieder einmal zu Besuch an die Leine komme und ihm sein Göttinger Werk »Begegnung« noch immer das wichtigste sei, habe aber, so gibt er zu, noch einen anderen Grund: Damals, als er in Göttingen lebte, habe er bei einer dieser legendären Begegnungen in der Weender Straße eine Frau – seine Frau – kennengelernt, eine Göttingerin. Und beide seien noch immer verliebt. Guerrero ist jetzt 86, aber wenn man ihn fragt, sagt er: »mindestens 120«. Sein Geburtsland Ecuador sei das höchstgelegene Land der Welt, und dort oben drehe sich die Erde einfach schneller. Gerade komme er zurück aus Quito. »Sie haben Glück, dass Sie mich erwischen.«

Nicht nur an die Stadt, auch an das Ausformen seines Gänseliesel-Modells hat er schöne Erinnerungen. Im Hinterhof der Pizzeria habe er das Werk damals modelliert. Seine schon in Ecuador genossene akademische Ausbildung habe ihm dabei geholfen, ganz ohne Zollstock und Fotos das richtige Augenmaß, die richtigen Proportionen zu finden. Aber etwas künstlerische Freiheit habe er sich schon herausgenommen. »Ich konnte mich doch nicht ganz dem Original unterordnen.« Deshalb seien Knopfleiste und Halsausschnitt des Kleides eben etwas anders ausgefallen. »Ich habe das damals wirklich sehr genossen. Aber es war nur eine Interpretation mit Respekt von Künstler zu Künstler.«

Die Bronze-Liesel nach Guerreros Form waren damals nur der Einstieg. Was einst schon Paul Nisse angeboten, Bürgermeister Calsow aber verschmäht hatte, was auch Nisse-Sohn Thilo vorgehabt, aber nie umgesetzt hatte, wurde nun für einen Göttinger Italiener zum Geschäftsmodell. »Ich wollte davon nicht reich werden, denn es war ja aus Liebe zur Stadt«, sagt Salvatore Ciniglio. Bald gab es nicht nur 40 Zentimeter hohe Güsse, sondern auch ganz kleine, preiswerte Repliken. Es wurden Schlüsselanhänger in Gänseliesel-Gestalt produziert, Krawattennadeln wurden vergoldet und kleine Pins ans Revers gesteckt. Das Gänseliesel gab es nun in unzähligen Formen, Farben und Materialien. In der Toskana fand Ciniglio einen Produzenten, der das Liesel aus Kleber und Carrara-Marmorpulver goss. Mit einer Höhe von 30 oder auch 15 Zentimetern und im Galvanikbad bronziert, gingen jährlich 300 bis 500 Stück im Alten Rathaus über den Touristik-Info-Tisch. »Besonders die Gäste auf der Märchenstraße kauften die Kopien«, erinnert sich die Tourismus-Chefin. Aber es gab auch Flops: Gänseliesel aus Seife flutschten nicht. In den 5000 Traumkugeln, in denen das Gänseliesel im Schneegestöber stehen sollte, verklumpte bald der künstliche Schnee. Und ein Entwurf, das Gänseliesel in ein Handtuch zu weben, wurde gar nicht erst umgesetzt. So wie es auch beim Versuch blieb, die Figur in verschiedenen Größen in China produzieren zu lassen; da stimmte die Qualität nicht. Während dabei früher für jede neue Größe und meist unter Verlust eines Teils der schönen Form von Designern neue Modelle gestaltet werden mussten, können heute mit jedem Laserdrucker identische Kopien in jeder Größe erstellt werden.

Und das Leipziger Gänseliesel? Dämmerte es noch immer dort im Pfarrgarten, später versteckt in einer Holzkiste und schließlich unter einem alten Tuch verborgen im Keller vor sich hin, während seine jüngere Schwester tausendfach vervielfältigt wurde?

Nein, so ganz stimmt das nicht. Eines Tages erfuhr Ciniglio von einem Mitarbeiter des Tourismusbüros, dass in Göttingen noch eine Nachfahrin der Familie Colditz lebe, die das Leipziger Gänseliesel besitze. Und diese Frau habe auch ein Gänseliesel in Miniaturformat, das noch aus Paul Nisses Hand stamme. Es musste also ein Abguss jener Mini-Statuen sein, die der gekränkte Künstler Ende 1901 nach Göttingen geschickt und deren Vervielfältigung er dem Oberbürgermeister angeboten hatte – worauf, wir sahen es schon, der verärgerte Calsow aber nie eingegangen war. Stattdessen fand die Mini-Kopie den Weg in die Leipziger Industriellenfamilie, die ja auch das großformatige Original erworben hatte. Statt auf einem achteckigen Sockel steht die originale Nisse-Miniatur genau wie das Leipziger Original-Liesel auf einer flachen, einem Stein nachempfundenen Plinthe. Ciniglio nahm mit der Besitzerin Kontakt auf, und tatsächlich stellte sie ihm Nisses Originalguss zur Verfügung: 30 Kopien zum Preis von jeweils 1350 Euro entstanden nun nach diesem Modell. Diese Bronzegüsse des Leipziger Originals verkaufte auch wieder das Tourismusbüro. So haben Göttinger Gänselieselfans, ohne es zu wissen, die Kopie des Originalentwurfs für das Leipziger Gänseliesel erworben – und ahnen es bis heute nicht. Welch eine wirre Geschichte ...

»Tante Trude ist schon tot, hat aber alles aufgehoben« – Leipziger Liesel ein Probeguss, also die Ältere – Ein Gänseliesel hüben, eins drüben – Baldachin-Verzicht soll Rechtsstreit vermeiden – Kein Umzug an die Leine aus Sorge vor Schaulustigen

Reporterglück kennt auch Journalistin Renate Jahn. Jetzt macht ihr nicht mehr erwarteter Rückruf den Autor dieser Zeilen glücklich. »Tante Trude ist schon tot, hat aber alles aufgehoben, was ich je geschrieben habe«, teilt sie freudig mit. Die Telefonate mit dem Kollegen, der vergeblich das Archiv durchsucht hatte, um ihren Text über das zweite Gänseliesel zu finden, haben Renate Jahn nicht ruhen lassen. Schließlich fiel ihr die tote Tante ein. Jahn ist zu der schon so lange leerstehenden Wohnung der geliebten Tante gefahren und hat ihren Nachlass durchsucht. Und siehe da: Alle Texte der Nichte von ihren Anfängen als Praktikantin, Volontärin, Jungredakteurin an fanden sich dort, fein säuberlich abgeheftet. Darunter ganz am Anfang auch der Gänseliesel-Text. Er wurde also doch gedruckt.

Das Datum 25. Oktober 1967 verrät: Es muss einer ihrer ersten Beiträge für die Zeitung gewesen sein, vermutlich gar noch vor dem Volontariat geschrieben und deshalb nicht im Zeitrahmen der Archivsuche. Das entscheidende Problem, vor dem die junge Frau damals stand, dass sie nämlich ihren Informanten nicht klar benennen, nicht einmal die genauen Bezüge nach Göttingen angeben durfte, hat sie geschickt gelöst. Es ist ein eher feuilletonistischer Text im Plauderton und ohne Quellenhinweise geworden, dem man nicht anmerkt, dass der Informant der Vater der Freundin, also ein Enkel aus der Eigentümerfamilie war. Als solcher hätte er es eigentlich wissen müssen, war aber offenbar selber nicht informiert, wann genau die Familie das Gänseliesel eigentlich erworben hatte. Ganz selbstverständlich nannte er das Leipziger Liesel

»die ältere Schwester« des Göttinger Wahrzeichens. Es sei der Probeguss der späteren Göttinger Bronze gewesen. Dass sein Großvater die Brunnenfigur aber erst erwarb, als das jüngere Gänseliesel längst auf dem Göttinger Markt stand, das hat er der jungen Volontärin offenbar nicht erzählt.

»Im Küssen nicht erprobt«, so lautete die Überschrift. Und dann erfahren die Göttinger 66 Jahre nach dem Einzug in die Stadt erstmals etwas darüber, dass ihr Wahrzeichen kein Unikat ist. »In einem Garten wie aus dem Bilderbuch, unter hohen alten Buchen, steht das Gänseliesel. In einem Garten 220 Kilometer von Göttingen entfernt im Zentrum von Leipzig (...). Das Rätsel über den neuen Standort, von der Stadtverwaltung strengstens verschwiegen, scheint gelüftet. Wollte man die Tatsache verheimlichen, Göttingens Wahrzeichen sei gekidnappt? Wollte man gesamtdeutschen Reibereien aus dem Wege gehen, indem man die Flucht nach ›drüben‹ verschweigt? Keine Angst, das Gänseliesel in Leipzig ist die ältere Schwester der Göttinger Jungfrau, ebenso künstlerische Tochter von Bildhauer Nisse wie unsere bekannteste Bürgerin.«

Nun ja: Verschwiegen hat die Verwaltung natürlich nichts. Auch im Rathaus ahnte niemand, dass die Bronze auf dem Marktbrunnen nicht das Original war. Und vorsorglich schrieb Renate Jahn – damals Fräulein Müller – zur Bedeutung des Fundes: »Die Göttinger müssen sich damit abfinden: Das Gänseliesel, liebstes Kind in unseren Mauern, existiert zweimal, einmal hüben, einmal drüben. Jedoch, die Originalität der Göttinger Vielgeküssten bleibt unangetastet. Eine Rosenlaube, Gänseliesel-Brunnen vor dem Rathaus wird dem Göttinger Liesel das Image bewahren, einzig in der Welt zu sein.« Vom späteren japanischen Nachbau konnte die Autorin damals noch nichts ahnen.

Der weitere Text, der auf den Erzählungen des Enkels von Käufer Friedrich Rehwoldt beruht, ohne diesen zu erwähnen, nennt dann die »Leipziger Bürgerfamilie Rehwoldt, verwandt mit alteingesessenen Göttinger Familien«, als die Eigentümer des Erstgusses. Die Brunnenfigur habe anfangs im Garten der Villa in der Karl-Tauchnitz-Straße gestanden. Immerhin muss sich die Leipziger Familie darüber im Klaren gewesen sein, dass es vom Künstler Paul Nisse nicht ganz legal gewesen war, seinen Probeguss der späteren Göttinger Auftragsarbeit zu Geld zu machen. »Um sie wäre es fast bis zum Prozess gekommen, wenn

Bildhauer Nisse nicht einsichtig gewesen wäre. Der Skandal – Berlin, Leipzig und Göttingen waren die Zentren – war durch die Leipziger Jungfrau ins Rollen gebracht worden. Ihre liebreizende Gestalt entstammte ebenso wie die Göttinger Jungfrau der Form, mit der Nisse den Göttinger Wettbewerb um die Brunnenfigur gewonnen hatte. Die angesehene Leipziger Bürgerfamilie (...) hatte zur gleichen Zeit eine Brunnenfigur bei Nisse in Auftrag gegeben. Der Bildhauer, nicht dumm, als es um klingende Münze ging, verkaufte den Probeguß des Gänseliesels nach Leipzig.« So steht es bei Renate Jahn. Und weiter: »Die Göttinger Stadtväter, an der Spitze Bürgermeister Calsow, waren empört. Jedoch, der Ausweg aus der Skulpturen-Affäre wurde gefunden: die Leipziger Jungfrau, Mittelpunkt des Skandals, durfte nicht Mittelpunkt einer Rosenlaube werden. Ebenso der Brunnen sollte nicht dem in Göttingen (...) gleichen.«

So mag das wohl damals in der Familie erzählt worden sein. Wir aber wissen es besser: Den Probeguss des Nisse-Originals, den gab es sicher schon vor dem Guss der Göttinger Brunnenfigur. Nur hätte das bronzene Liesel mit flacher Plinthe nicht 1902 in Berlin und 1903 in Leipzig mit dem Stempel »verkäuflich« in Kunstausstellungen gezeigt werden können, wenn Familie Rehwoldt es zeitgleich, also schon 1900, in Auftrag gegeben hätte. Eher wird Paul Nisse – wohl mit schlechtem Gewissen und mit der Auflage an den Käufer, der Figur auf keinen Fall einen Rosenbaldachin zu verpassen – seine Bronzefigur erst 1903 aus der Leipziger Kunstausstellung heraus verkauft haben. Und vielleicht entsprachen eben diese Auflagen sogar einer inoffiziellen Abmachung mit Oberbürgermeister Calsow, von dem wir ja ahnen, dass er um den illegalen Probeguss seiner Auftragsarbeit gewusst hat, was aber nicht bekannt werden durfte, wenn er sich nicht selber hätte blamieren wollen – immerhin hatte er die Rechte am Original nicht geklärt. Nur das vermag zu erklären, warum Nisse selbst in der eigenen Familie das Leipziger Liesel stets als Zweitguss – und nicht etwa als Probeguss – darstellte, um den es mit der Stadt »heftigen Ärger« gegeben habe.

Renate Jahns Text erwähnt zum Schluss dann doch noch indirekt, von wem sie ihre Informationen hat: Sie nennt Werner S., Enkel der Eigentümerfamilie, der schon 1967 erwogen habe, das Probeguss-Liesel in den Westen zu holen und es in seinen Garten zu stellen. Zu dieser Zeit stand es aber schon 15 Jahre im Pfarrgarten, nicht etwa im Park der zerbombten Villa – was er der jungen Journalistin aber offenbar verschwieg. Auf den geräumten Villengrundstücken war längst das 1969 eröffnete Gästehaus der Republik im Bau. »Jedoch die Vorstellung, durch Touristen, Göttinger Bürger und Schaulustige die Ruhe zu verlieren, ließ die ungeküsste Jungfrau standhaft in Leipzig bleiben. Sie wird weiter ihren Dornröschenschlaf halten in dem großen Garten hinter dem Bürgerhaus, wird weiter unangetastet bleiben. Eine Jungfrau, die nichts mit ihrer leichtlebigen jüngeren Schwester zu tun haben will.« So endet der Zeitungsbericht.

Herr Schierwater wünscht sich mehr Niveau – Ein Wahrzeichen erhält eine Stellvertreterin aus Fleisch und Blut – Gewerkschaft lässt sich nur schwer erweichen – Jury wählt Stadtrepräsentantin mit Gans – 100.000 Besucher sind einfach zu laut – Wie aus dem Gänseliesel Sophia der Mann Max wurde

Das Göttinger Gänseliesel und die Zeitungen – das war schon immer eine Liebesbeziehung. Die Leipziger Schwester lebte hingegen eher medienfern. Hätte das Göttinger Bronzemädchen je das Licht der Welt erblickt, wenn nicht wohlmeinende Leser in der Göttinger Zeitung um sie und ihren Brunnen gekämpft hätten? Wohl kaum! Und die Skandale um Küsse und Beschädigungen – wären sie je entbrannt ohne das Göttinger Tageblatt? Nein! Schließlich sollte eine Zeitung auch dafür sorgen, dass das bronzene Mädchen vom Markt leibhaftige Schwestern aus Fleisch und Blut bekommen würde – jährlich wechselnd. Das Gänselieselfest samt Wahl einer menschlichen Repräsentantin der Brunnenfigur wurde 1996 aus der Taufe gehoben.

Und das, so erzählt Gerd Goebel, kam so: Einst tobten bierselige Altstadtfeste und Weinfeste zu Füßen der Gänsehüterin. 1995 habe der damalige Oberstadtdirektor Hermann Schierwater das Weinfest besucht und sich in einem Gespräch mit ihm, dem Chefredakteur des Anzeigenblattes »City Blick«, über das Niveau der Veranstaltung beklagt. Ob denn Göttingen nicht ein Fest mit höherem Anspruch auf die Beine stellen könne – »ein Event mit Highlights und der Bedeutung Göttingens entsprechend«? Darauf sei schnell die Idee einer »Identifikation stiftenden Veranstaltung in der City« entstanden. Es sollte ein

Fest sein, das schon das Göttinger Wahrzeichen im Namen trägt. Doch seine Idee, erinnert sich Goebel, sei damals in den Gremien der Werbegemeinschaft auf Ablehnung gestoßen. Und auch die Gewerkschaft HBV habe zunächst wegen der zu erwartenden längeren Öffnungszeiten an einem verkaufsoffenen Sonntag Widerstand angekündigt. Er habe danach »unzählige Gespräche geführt«, sagt Goebel, insbesondere erinnere er sich an eine vierstündige Diskussion mit dem damaligen HBV-Geschäftsführer. Nur unter dem Vorbehalt, in einer Mitgliederbefragung Zustimmung zu erhalten und ein gemeinsames kostenloses Abschluss-Meeting aller, die an den Sonntagen im Handel arbeiten mussten, zu organisieren, stimmte die HBV letztlich dem Plan zu. Die Stadtverwaltung habe ihre Unterstützung zugesagt, und die Werbegemeinschaft und der City Blick wurden gemeinsam die Veranstalter. Mit einem Anfangsbudget von 45.000 Mark, durch Umlage der Geschäfte und mit Spenden von Karstadt und später der Sartorius-AG finanziert, startete 1996 das erste Gänseliesefest.

Die Idee dahinter war, alljährlich ein junges Mädchen als lebendiges Gänseliesel zu wählen, das dann das Göttinger Wahrzeichen ein Jahr lang bei offiziellen Anlässen oder bei Messen, in Partnerstädten und bei Festen sowie bei anderen Stadtfesten vertreten sollte. So ganz neu war die Idee nicht. Schon vor dem Weltkrieg hatten sich gelegentlich junge Mädchen als Gänseliesel gekleidet im privaten Kreis am Brunnen feiern lassen. Bei Jubiläen des Brunnens waren immer schon auch leibhaftige Gänseliesel aufgetreten. Das älteste Foto eines lebenden Liesels im Schatten des bronzenen Originals stammt von der 40-Jahr-Feier. Auch bei Stadtführungen hatten muntere Gänseliesel Touristen als Ebenbild des Stadtwahrzeichens beeindruckt. Nun aber sollte das fleischgewordene Gänseliesel zur Institution werden.

Nach dem ersten Aufruf im City Blick und dem Verteilen von Flyern in den Göttinger Schulen meldeten sich 80 Bewerberinnen. Mit Fotos und Kurzvita stellte die Zeitung die Kandidatinnen vor und ließ die Leser abstimmen, wer sich der Endrunde stellen durfte. Eine Jury aus namhaften Persönlichkeiten aus Gewerkschaft, Einzelhandel, der Stadt sowie aus Politik und Universität durfte schließlich im Finale das neue Gänseliesel küren. Die Anforderungen an die junge Frau, die zur Repräsentantin der Stadt gewählt werden sollte, beschreibt Goebel so: Sie sollte aufgeschlossen und an der Stadtgeschichte interessiert sein, eine gewinnende Ausstrahlung haben und auch in der Lage sein, Gäste zu begrüßen oder Göttingen in den Partnerstädten zu vertreten. Diese Aufgabe, so Goebel, hätten alle der mehr als 20 gewählten Gänseliesel erfüllt. Mit schickem Kostüm und Gans-Attrappe im Körbchen traten die jungen Frauen bei ihren offiziellen Terminen auf, wurden betreut von Blick-Redaktion und Tourismusbüro und erfreuten sich ihrer attraktiven Preise für den Sieg beim Wettbewerb: anfangs ein eleganter Motorroller, später sogar für ein halbes Jahr ein Auto als Dienstwagen.

Gänseliesel 2016 Jasmin Grube (rechts) mit Mini-Gänseliesel 2016 Anna Karstens. Foto: Stefan Rampfel

Das Fest, in dessen Mittelpunkt die Wahl des Gänseliesels – später zusätzlich eines jungen Mini-Gänseliesels – stand, entpuppte sich von Beginn an als Publikumsmagnet. Mehr als 100.000 Besucher seien jährlich geschätzt worden. Auch der Einzelhandel habe profitiert, denn die Terminwahl im Spätsommer habe viele Käufer von Herbstmode in die Stadt gelockt. Das gastronomische Angebot, jährlich mehr als 50 Aktionen, darunter auch viele in den Seitenstraßen, Musik, Tanz und Darbietungen aller Art machten das Fest zum Magnet auch für überregionale Besucher. Und die Wahl des neuen Gänseliesels, stets um

18 Uhr auf der Bühne zu Füßen des bronzenen Vorbildes, sei jeweils der Hauptanziehungspunkt gewesen. Bekannte Moderatoren, darunter etwa Oliver Welke (ZDF Heute-Show), führten jeweils durchs Programm. So sei das Fest laut seinem Erfinder zum »absoluten Highlight für Göttingen und die Region« sowie für »weit über zwei Millionen Besucher« zum »größten Event Südniedersachsens« geworden. Er sei »stolz darauf, dass ich rund 20 Jahre das Gänselieselfest mit unserem Team um die Chefsekretärin Ingrid Pommer und dem Einzelhandels-Vorsitzenden Willi Klie wie auch Petra Wiese, Sigrid Lüttge und Philipp Bremer von Pro City organisieren durfte«.

Aber: Kein Erfolg in Göttingen ohne Kehrseite. Massive Einsprüche einer Anwohnerin des Marktes wegen der Lärmbelästigung durch die Feierlichkeit führten auch beim Gänselieselfest zum Eklat und bis vors Gericht. Das Verwaltungsgericht entschied, der Lärm sei tatsächlich eine Beeinträchtigung. Und so musste im folgenden Jahr die Gänseliesel-Kür ohne Gänseliesel-Kulisse stattfinden. Die Bühne wurde verlegt zum Johanniskirchhof, und allein die notwendigen Lärmmessungen verursachten jährlich Kosten von mehr als 1000 Euro.

Das Gänselieselfest gibt es immer noch. Es ist fester Bestandteil des Göttinger Terminkalenders. Die gewählten Gänseliesel seit 1996 heißen Carola Castro (1996), Britta Lohmann (1997), Sabine Herbst (1998), Swantje Höltken (1999), Ingrid Nordbeck (2000), Julia Mührer (2001), Daniela Neutze (2002), Laura Schön (2006), Elena Ahlborn (2007), Naima Madlen Diesner (2008), Sarah Ossenberg (2009), Jeniffer Maaß (2010), Merle Nowak (2011), Sophie Heinemann (2012), Johanna Barton (2013), Alena Koch (2014), Annabel Zapfe (2015), Jasmin Grube (2016), Stephanie Giro (2017), Sophia Armonies (2018), Jana Domeyer (2019), Sarah Marie Schätzer (2021), Sarah Marie Merkel (2022), Meilin von Pietrowski (2023), Nastasia Schmidt (2024). Bis 2016 waren die Zeitung Blick (früher City Blick) und Pro City GmbH gemeinsam, danach nur noch Pro City die Veranstalter.

Einmal das Gänseliesel küssen – das war über 125 Jahre der Traum Hunderttausender männlicher Studenten in Göttingen. Einmal zum Gänseliesel gewählt werden – das war für Hunderte junger Göttingerinnen seit 1996 ein Traum. Für mehr als 20 der Gewinnerinnen hat die Erfüllung dieses Traums das Leben verändert. Aber für ein Göttinger Gänseliesel, das aus dem Jahr 2018, wurde die Wahl zum leibhaftigen

Wahrzeichen der Stadt zur dramatischsten Wende seines Lebens. Eine Wende, wie man sie sich drastischer nicht vorstellen kann: Noch während seiner Amtszeit wurde aus dem Gänsemädchen ein Mann. Aus Sophia wurde Max.

Im Göttinger Tageblatt vom 30. April 2019 liest sich das so: »Max verhält sich so, wie sich ein Gänseliesel zu verhalten hat. Es trägt das markante Kleid, im Arm die Gans, es füllt die Rolle der historischen Figur aus und repräsentiert die Stadt bei unzähligen Anlässen. Nach seiner Wahl gibt Max als Gänseliesel den Startschuss zum zweiten Göttinger Lichterlauf am Kiessee, schenkt Erbsensuppe für ›Keiner soll einsam sein‹ aus, weiht zusammen mit dem Mini-Gänseliesel die Eisbahn in der Lokhalle ein, eröffnet den Göttinger Weihnachtsmarkt. Wie es bei all den Terminen in ihm aussieht, erahnt niemand.« »Superhübsch« sei er gewesen, »aber das bin eben nicht ich«, wird Max im Tageblatt zitiert. Und der Versuch, die weibliche Rolle nun auch öffentlich zu spielen, machte die Situation nicht besser. Er habe sich immer schon als Junge gefühlt, seine ihm zugewiesene und als falsch empfundene Geschlechtsrolle aber stets so hingenommen. Jetzt, erstmals im Rampenlicht als Gänseliesel, wurde ihm das Falsche daran erst richtig bewusst. »Sein Leben immer so weiterzuführendem, quasi als Lüge – das ist auf Dauer keine Option für Max, der schon seit Jahren darüber nachdenkt, wie er seine Situation verändern und mit sich selbst ins Reine kommen kann.« Er habe sich die Haare abgeschnitten, habe fortan als Trans-Mann gelebt und sich auch gegenüber dem Veranstalter des Gänselieselfestes Pro City geoutet. Dort habe man mit großem Verständnis reagiert, ihm völlig freie Hand gelassen und weitere Termine mit seiner Stellvertreterin besetzt. Bis aus dem attraktiven Gänseliesel Sophia aber der Mann Max wird, als der er sich schon so lange fühlt, ist es noch ein weiter Weg – mit Hormonbehandlungen, Personenstandsänderung und letztlich wohl auch mit operativen Eingriffen.

Der Göttinger Marktplatz und der Gänselieselbrunnen war in 125 Jahren schon immer Schauplatz unzähliger politischer Kundgebungen. Seit 2019 hat das »Queere Zentrum Göttingen« einen guten Grund mehr, ausgerechnet den Gänselieselbrunnen zum Hintergrund ihrer Aufklärungsarbeit für die Situation von Menschen zu machen, die unfreiwillig im falschen Körper oder in falscher Identität leben müssen.

Gänseliesel mit Altöl geschändet: Aus Protest gegen die Förderung von Erdöl übergossen Umweltaktivisten der letzten Generation im Sommer 2023 den frisch sanierten Brunnen samt Bronze mit pechschwarzem Öl. Foto: Stefan Rampfel

Gänseliesel und Geschlechtergerechtigkeit: Kaum ein politisches Anliegen, für das zu Füßen der Gänsemagd nicht schon demonstriert wurde. Frauenrechte und LGBTQIA+ gehörten zuletzt häufig dazu. Foto: Christina Hinzmann

Titelbild einer Märchenfigur ohne Märchen – Das Gänsemädchen bekommt eine Geschichte – Frau Lebensieg macht Liesel zum Jungen – Von vorne Hoch-, von hinten Plattdeutsch

Ein Gänseliesel wird zum Mann, ein Mädchen wird zum Jungen – das hatten wir doch schon!? Im Märchen! Das war 18 Jahre früher; Max, mit Geburtsnamen Sophia, war noch nicht geboren. Damals, 2001, also im Jahr des 100-jährigen Bestehens des Marktbrunnens, spielte schon einmal der Wechsel des Geschlechts eine entscheidende Rolle – im damals neu erfundenen Märchen vom Gänseliesel.

Das kam so: In einer Serie des Göttinger Tageblattes hatte der Autor dieses Buches sich mit allen Bezügen der Stadt und der Region Göttingen zu den klassischen Märchen befasst. Dazu gehörte natürlich ein Beitrag über das wissenschaftliche Wirken der Volksmärchensammler Brüder Grimm in Göttingen. Auch ein Text über die traditionsreiche Märchenbühne im Wald bei Bremke und über die Sababurg im Reinhardswald als angeblichen Schauplatz des Dornröschen-Märchens. Die schon erwähnte Enzyklopädie des Märchens, die sich mit der wissenschaftlichen Erforschung von Märchen aus aller Welt befasst, gehörte ebenso dazu. Und dann gab es ja noch die Deutsche Märchenstraße: Die Stadt Göttingen ist Mitglied dieser touristisch orientierten Vereinigung von Landkreisen, Städten und Gemeinden, die sich als Schauplatz des deutschen Märchenschatzes wähnen.

Damals gab es einen prachtvollen Bildband jener Märchenstraßen-Orte. Und die Titelseite dieses Fotobuches schmückte – ausgerechnet das Göttinger Gänseliesel. Der unbedarfte Betrachter wird das bronzen schimmernde Gänsemädchen gern als Märchenfigur anerkannt haben. Wir aber wissen: Es gibt gar kein Gänseliesel-Märchen. Die Figur ist einzig den Beobachtungen des Berliner Künstlers Paul Nisse im Hinterhof seines Ateliers entsprungen. Der Roman »Gänseliesel« von Nataly von Eschstruth ist kein Märchen, und es ist ohnehin unwahrscheinlich, dass er Nisse inspiriert hat, wenn er ihn überhaupt kannte. Auch die Geschichten, die Ernst Honig mit dem Göttinger Gänseliesel verknüpfte, gehen nicht als Märchen durch, und das Gleiche gilt für das, was einst in den 80er Jahren der österreichische Schauspieler und DT-Ensemble-Mitglied Jörg Liebenfels (»Das Gänseliesel und das Einhorn«) sowie die Autorin Johanna Mensch (»Gänseliesel, stolzes Mädchen aus der Vergangenheit …«) schrieben. Weder die in Göttingen erschienenen Gänseliesel-Comics von Wolfgang Richter, darunter »Das große Göttingen-Wimmelbuch«, noch Janoschs Göttingen-Zeichnungen mit Gänseliesel oder Enid Blytons »BUM und die kleine Gänseliesel«, ebenfalls ein Comic, erfüllen den Anspruch eines Volksmärchens.

Aber was ist eigentlich ein Volksmärchen? Das Tageblatt hat Professor Hans-Jörg Uther, Mitarbeiter an der Enzyklopädie des Märchens, dazu befragt. Kann man ein Märchen neu erfinden? Zum Beispiel eines mit der Gänseliesel? Man kann! Und deshalb beschloss das Tageblatt, dem Göttinger Wahrzeichen 2001 ein Märchen auf den Leib schreiben zu lassen. Der damals neue Chefredakteur Bernd Hilder sprang auf die Idee an und lobte 5000 Euro für jenen Leser aus, der das schönste Märchen lieferte. Eine Jury mit dem Märchen-Professor der Universität Göttingen an der Spitze sollte entscheiden, ob die eingereichten Geschichten den Ansprüchen an ein klassisches Märchen entsprachen: Sie sollten spannend, durchaus moralisierend, dennoch einfach und leicht weiterzuerzählen sein und somit ins Volksgut übergehen können.

Die Reaktion auf den Zeitungswettbewerb war überwältigend: Mehr als 130 Einsendungen überschwemmten die Redaktion. Darunter waren lange Texte mit wissenschaftlich profundem Hintergrund, in denen Gräueltaten aus dem Dreißigjährigen Krieg beschrieben wurden, wie sie wohl einst im Raum Göttingen tatsächlich geschahen, aber auch kurze Geschichten, die eher Bruchstücke aus vorhandenen Volksmärchen mit der Lieselfigur verknüpften. Von geschliffenen literarischen Texten bis zu unbeholfenen Schulaufsätzen aus der Feder von Kindern war alles dabei. Mühsam musste die Spreu vom Weizen getrennt werden. Übrig blieb eine beeindruckende Anzahl von Texten, mit denen sich die Jury befasste. Sie entschied sich schließlich für ein Märchen der Hardegsener Autorin Sabine Lebensieg: eine klassische Märchengeschichte von einem armen Mädchen, das sein Glück als Gänsehirtin im Schloss sucht, wo es sich als Junge ausgeben muss, um nicht abgewiesen zu werden. Natürlich gibt es ein Happy End.

Den Tageblatt-Lesern gefiel das neue Gänseliesel-Märchen. Die Redaktion ließ auch ein Buch (ISBN 3–924781-43-5) binden und von Kurt Rapp illustrieren. Das Besondere daran: Das Gänseliesel-Märchenbuch ist von beiden Seiten zu lesen: auf der einen Seite in Hochdeutsch, von der Rückseite aus in Plattdeutsch. Göttinger Platt natürlich: »Datt Märchen von't Chänseliesel«. Und weil die digitalen Zeiten damals schon begonnen hatten, wurde das Märchen auch gleich auf CD eingelesen. Eine Zwölfjährige steuerte den plattdeutsch gesprochenen Text bei.

Aber hat Sabine Lebensiegs Geschichte es geschafft, zum Volksgut, also zum echten Märchen zu werden? Nun ja – in Göttinger Kinderzimmern wird es wohl nicht allzu oft erzählt. Aber Einzug in die Internet-Sammlung »Grimms Märchen« hat »Das Märchen vom Gänseliesel« schon gefunden. Dort erscheint es im Originaltext unter »andere Märchen« neben den »Heinzelmännchen« und »Dat Märchen von'n Fischer un sin Fru«.

Und so liest es sich:

Dem Bronzemädchen ein Märchen erfunden: Von beiden Seiten lesbar – in Hochdeutsch und Platt – war das Büchlein, das das Göttinger Tageblatt nach dem Wettbewerb herausgab. Repro: Jürgen Gückel

»Das Märchen vom Gänseliesel«

Es war einmal ein armer Bauersmann, der hatte drei Töchter. Die Mädchen waren alle drei recht wohlgeraten – fleißig, freundlich und schön anzusehen, ganz so wie ein Vater sich seine Kinder nur wünschen kann. Doch trotz alledem machte sich der Bauer große Sorgen, ob seine Töchter jemals würden heiraten können, denn die Familie war so arm, daß man sich die Aussteuer für die Mädchen nicht leisten konnte. Ohne eine ordentliche Aussteuer würde sich kein Mann für die Mädchen finden.

Eines Abends saß der Bauer mit seiner Frau im Schein einer Kerze in der Stube und erzählte ihr von seinen Sorgen: »Ach, wenn wir doch auch einen Buben hätten, dann wäre vieles leichter! Der Junge könnte sich am königlichen Hof als Gänsehirt verdingen. Mir ist gerade erst vor ein paar Tagen zu Ohren gekommen, daß dort ein Gänsehirt gebraucht wird. Mit dem Geld könnten wir dann wenigstens für eines unserer Mädchen die Aussteuer bezahlen.« Nebenan im Zimmer lag die jüngste Tochter noch wach und hörte die Worte ihres Vaters, und es machte sie sehr traurig. Sie dachte eine Weile nach und faßte schließlich einen Entschluß.

Am anderen Morgen, als Vater und Mutter auf dem Feld waren, schickte sie ihre älteren Schwestern unter einem Vorwand aus dem Haus. Als sie allein war, nahm sie eine Schere, trat vor den Spiegel und schnitt sich ihre langen goldblonden Zöpfe ab. Die tat sie sorgsam in eine hölzerne Schatulle. Dann legte sie ihre Kleider ab, zog sich Hemd und Hose ihres Vaters an und setzte sich einen alten Arbeitshut auf. So trat sie wieder vor den Spiegel und betrachtete ihr Spiegelbild. »Ja, so wird es gehen!« sagte sie zufrieden mit dem, was sie sah. Dann packte sie das Nötigste für sich in ein großes Tuch und vergaß auch die Schatulle mit den abgeschnittenen Haaren nicht. Danach verließ sie das Haus und machte sich auf den Weg zum königlichen Hof. Sie war das erste Mal ganz allein unterwegs und fürchtete sich in dem dunklen Wald, den sie durchqueren mußte, doch nach einiger Zeit kam sie wohlbehalten am Schloß an. Dort wollte es der Zufall, daß sich drei Buben, die Gänsehirt am königlichen Hof werden wollten, gerade vorstellten. Das Mädchen in seiner Verkleidung stellte sich schüchtern hintenan.

Der Oberhirte war ein sehr strenger Mann, und er hatte an jedem der Bewerber etwas auszusetzen. Der erste Bub in der Reihe hatte ein lahmes Bein. »Was machst du, wenn die Gänse dir davonlaufen? Mit deinem lahmen Bein holst du sie nicht mehr ein, und sie laufen dir davon!« sagte der Oberhirte zu dem Jungen und schickte ihn weg.

Der zweite Bube war taub. »Was machst du, wenn der Fuchs kommt und die Gänse erschreckt? Du hörst ihr aufgeregtes Schnattern ja gar nicht, und der alte Rotrock hat leichtes Spiel!«, hatte der Oberhirte an diesem Bewerber auszusetzen und schickte auch ihn fort.

Der dritte Bube hatte ein blindes Auge. »Was machst du, wenn dir auf der Seite, wo du nicht sehen kannst, Gänse verlorengehen? Du siehst es ja nicht und kommst womöglich abends nur mit der halben Gänseschar nach Hause!«, sagte der Oberhirte unzufrieden und wollte auch diesen Buben nicht als Gänsehirten haben.

Dann trat er auf das Mädchen zu. »Und was haben wir hier? Du bist recht klein und zierlich für einen Jungen! Hast du auch irgendein Gebrechen?« »Nein«, antwortete das Mädchen und versuchte, seine Stimme möglichst tief klingen zu lassen. »Du bist wirklich gar zu schmächtig für einen Buben, aber ich will es mal mit dir versuchen. Ab morgen gehst du mit den Gänsen auf die Weide. Du bekommst dafür einen Groschen in der Woche. Hüte die Tiere sorgsam, so daß sie gutes, nahrhaftes Futter finden und immer satt werden, und bringe sie abends alle vollzählig zurück in den Stall! Wehe dir, wenn du eine verlierst! Ich werde sie dir doppelt vom Lohn abziehen! Schlafen kannst du in der Kammer gleich neben dem Stall. Hast du alles verstanden?« Das Mädchen nickte nur stumm, aber innerlich freute sie sich sehr, daß sie mit ihrer Verkleidung den strengen Mann getäuscht und die Stelle bekommen hatte, denn ein Mädchen, daß wußte sie, hätte er niemals als Gänsehirten angestellt.

So kam es. daß sie von nun an jeden Morgen in der Frühe mit den Gänsen auf die Weide vor den Toren des Schlosses zog und sie dort bis zum Abend hütete. Sie machte ihre Arbeit gut, achtete sorgsam darauf, daß keine Gans verlorenging, und führte sie zu dem frischesten Gras und den besten Kräutern, so daß die Tiere am Abend immer satt und zufrieden in ihren Stall zurückkehrten.

So ging es eine ganze Weile lang. Eines Tages jedoch waren die Gänse sehr aufgeregt. Das Mädchen wollte sie wie gewohnt auf die Wiese am Waldrand führen, doch sie schnatterten laut, schlugen aufgeregt mit den Flügeln und sahen ängstlich zum Wald hinüber. Sie waren nicht dazu zu bewegen, in die Nähe der Bäume zu gehen. Das Mädchen glaubte, daß sich ein Fuchs am Waldrand versteckt hielt, doch plötzlich meinte es, Stimmen aus dem Wald zu hören und erschrak fürchterlich. Schnell kehrte sie mit den Gänsen zum Schloß zurück, denn sie ahnte, daß die unheimlichen Stimmen aus dem Wald nichts Gutes zu bedeuten hatten.

Der Oberhirte schimpfte sehr, weil sie viel zu früh mit den Gänsen von der Weide zurück gekommen war, doch sie erzählte ihm trotz seines Zorns von den merkwürdigen Verhalten der Tiere und den Stimmen aus dem Wald. Er lachte sie aus und nannte sie einen »dummen Angsthasen« und glaubte ihr kein Wort. Trotzdem erzählte er noch am selben Abend einem Wachmann der Schloßwache, was der Gänsehirt Merkwürdiges gehört haben wollte, und der Wachmann erzählte es seinem Oberwachhabenden, und der erzählte es dem Generalwachhabenden, und der erzählte es dem König.

Der König war ein sehr kluger und umsichtiger Mann, und er schickte sogleich die schwerbewaffneten Reiter der Schloßwache in den Wald. Sie sollten nachsehen, was es mit den Stimmen auf sich hatte. Nach einer Stunde kehrte ein Bote zum König zurück und berichtete von Kämpfen. Die Reiter des Königs waren im Wald auf Raubritter gestoßen, die sich dort versammelt hatten, um in der nächsten Nacht das Schloß zu überfallen und auszurauben. Sie waren jedoch von der Schloßwache noch im Schlaf überrascht und vertrieben worden.

Der König hörte die guten Nachricht und war froh, daß die drohende Gefahr nun abgewendet war. Er schickte nach dem Gänsehirten, um sich bei ihm zu bedanken. »Was möchtest du als Lohn für deine Aufmerksamkeit haben? Sage mir deinen Wunsch, und ich will ihn dir erfüllen«, sagte der König. Das Mädchen antwortete bescheiden: »Ich möchte nichts für mich. Nur für meine Familie wünsche ich mir einen Beutel Geld, damit meine beiden älteren Schwestern heiraten können.« Der König nickte beifällig und war mit ihrem Wunsch einverstanden: »So soll es sein.«

Ein Bote brachte am anderen Tag einen Beutel voller Geld zu der armen Bauersfamilie, doch statt sich zu freuen, beklagte der Bauer sich bitterlich, daß seine jüngste Tochter vor einiger Zeit verschwunden sei und er seitdem nichts mehr von ihr gehört habe. Zurück am Hof berichtete der Bote seinem König von den merkwürdigen Worten des Bauern, und da der König nicht nur ein umsichtiger, sondern auch ein weiser Mann war, machten ihn die Worte des Boten neugierig. Er begab sich selber in die Unterkunft des Gänsehirten, als der mit den Tieren auf der Weide war, und fand dort die hölzerne Schatulle und darinnen die abgeschnittenen langen, blonden Zöpfe. Daraufhin schickte er noch am selben Abend erneut nach dem Gänsehirten. »Dein Vater erzählte meinem Boten, daß er seine jüngste Tochter vermissen würde. Hast du deine Schwester gesehen oder etwas von ihr gehört?«, fragte der König. Das Mädchen schüttelte nur stumm den Kopf. Da zog der König ihr den alten Hut vom Kopf, und zum Vorschein kamen ihre goldenen Haare, ganz so wie die Zöpfe in der hölzernen Schatulle. Da wußte der König, wen er vor sich hatte. Er hieß die Küchenfrauen, Wasser zu wärmen und das Mädchen zu baden und zu waschen. Danach wurden ihr schöne Kleider

»Das Märchen vom Gänseliesel«

und teurer Schmuck angelegt. So gekleidet und geschmückt mußte sie erneut vor den König treten, und er war erstaunt über ihre Anmut und Schönheit. »Wie heißt du?«, fragte sie der König freundlich. Das Mädchen lächelte scheu und antwortete mit einem tiefen, ehrfürchtigen Knicks: »Man nennt mich des Bauern Liesel, mein König.« In diesem Moment verliebte sich der König in das schöne Bauernmädchen, und wenig später nahm er sie zur Frau. Fortan lebten beide glücklich und zufrieden zusammen auf dem Schloß.

Als besonderen Dank und zur Erinnerung an die Rettung des Schlosses vor den Raubrittern und zur Ehre der jungen Königin ließ der König in der Mitte des Markplatzes einen tiefen Brunnen bohren. Auf ein Podest über diesem Brunnen wurde die bronzene Figur eines jungen, zierlichen Mädchens, das Gänse hütet, aufgestellt. Die Leute im Schloß nannten die Figur daraufhin bald nur noch das »Gänseliesel« und verehrten sie.

Das Gänseliesel wurde zum Wahrzeichen des Schlosses, und die bronzene Figur über dem Brunnen überdauerte viele, viele Jahrhunderte.

So steht sie auch heute noch auf dem Markplatz der Stadt, die sehr viel später aus den Resten der alten Mauern des Schlosses entstanden ist, und ist heute noch deren Wahrzeichen.

Herübergeholt und in Schuppen und Keller verborgen – Ein staubiges Aschenputtel wird enthüllt – Auf der Plinthe fehlt der Gießerei-Stempel

Feste, Feiern und Affären rund ums Göttinger Liesel. Sogar ein eigenes Märchen auf den bronzenen Leib geschrieben. Das Leipziger Gänseliesel hingegen musste lange ausharren im Kirchenasyl. Dann kam der Mauerfall, die Wende, die Wiedervereinigung. Und plötzlich haben die im Raum Göttingen lebenden Nachkommen der Leipziger Industriellenfamilie wieder Zugriff auf die Reste ihres Familienerbes im Gebiet der ehemaligen DDR. Darunter auch das einsam im Pfarrgarten stehende Nisse-Kunstwerk. Das war weder in den 40 Jahren im Villengarten noch während der 40 DDR-Jahre je öffentlich aufgefallen. Im Nachlass von Pastor Kühn findet sich ein einziges kleines Foto, das in einer Zeitungsausgabe der DDR-Zeit abgedruckt wurde und das lediglich diesen nichtssagenden Text trägt: »Im Garten der St.-Andreas-Kirche in der Scharnhorststraße steht etwas versteckt dieses bezaubernde

Gänse-Lieschen …« Das war schon alles. Kein Hintergrund, keine Frage nach der Herkunft, kein Bezug zur Göttinger Doppelgängerin. Und es gibt auf dem kleinen Zeitungsausschnitt auch kein Datum, keinen Verweis, welches Blatt es druckte. Möglich ist immerhin, dass ein Gemeindemitglied das Bild an die Zeitung gab. Kühn brachte einige ähnliche Motive, die mit »06–84, Foto: Schemmann« gekennzeichnet sind, bei seiner Übersiedlung in den Westen aus Leipzig mit.

Was also soll geschehen nach der Wende mit dem fast neun Jahrzehnte verborgenen Familieneigentum? Wie der Vater, so der Sohn – der Göttinger Kaufmann, Urenkel des Villen-Erbauers Friedrich Rehwoldt, Enkel des späteren Firmenchefs Ludolf Colditz junior, Sohn des Informanten in Renate Jahns Text, holte das Leipziger Liesel 1990 aus dem Pfarrgarten in die Region Göttingen. Zuvor hatte der neue Besitzer die Bronzefigur noch in Leipzig in die Bronzebildgießerei Noack bringen lassen – die übrigens nur zufällig mit der Berliner Gießerei namensgleich war, die den Guss im Jahr 1900 erstellt hatte. Hier wurden zunächst die 45 Jahre alten Kriegsverletzungen der alten Dame aus dem Leipziger Bombenhagel beseitigt. Dann ging es nach Göttingen – in einer Holzkiste. Zum ersten Mal sind sich 90 Jahre nach ihrer Entstehung der Probeguss und die Meistgeküsste wieder nahe. Begegnet sind sie einander allerdings nicht. Dieselben Bedenken, die schon der Vater hatte, plagten auch den Sohn – und übrigens heute, weitere 35 Jahre später, auch die anderen Familienmitglieder. Sich ein zweites Bronze-Liesel in den Garten stellen, die Stadtväter mit der Erkenntnis brüskieren, ihr Gänseliesel sei gar nicht das Original, zumindest kein Unikat, und schließlich Schaulustige oder gar Diebe anlocken – das alles schreckt die Familie. Auch der Urenkel hat also darauf verzichtet, das Leipziger Liesel aufzustellen. Nur der grünlich-steinerne Sockel mit den Gänsefiguren wird im Garten positioniert. Das Bronze-Liesel verschwindet zunächst in einem Gartenschuppen. Aber auch dort konnte es nicht bleiben: Eines Tages muss der Schuppen saniert werden, er soll vermietet werden. Die Figur kommt in den Keller.

Dort steht sie schon mehr als ein Jahrzehnt, als der Autor dieser Zeilen den Urenkel des Käufers darum bittet, ihm Auskunft zu geben, was es denn mit dem Liesel-Zwilling auf sich habe. Die Antworten sind erst ausweichend, werden nach vielen Rückfragen konkreter. Aber als es daran geht, einen Termin für ein Foto zu vereinbaren, macht

Von der alten Decke befreit: Das Leipziger Gänseliesel in einem Keller in der Region Göttingen.
Foto: Gückel

die Familie einen Rückzieher. Die Geschichte um den doch nicht so ganz legalen Guss solle besser nicht öffentlich werden. Auch aus Sorge um die Folgen: Gerede, Schaulustige, vielleicht Diebe sogar? Urgroßvater, Großvater, Vater, Sohn – sie leben alle nicht mehr. Selbst in der nächsten Generation, der fünften, bleibt es bei den Bedenken. Bei einigen Familienmitgliedern fehlt das Interesse, die Geschichte des Kunstwerkes zu erforschen. Und eines, das es bei sich aufstellen mag oder könnte, fand sich bisher auch noch nicht.

Letztlich hat es aber doch noch geklappt – weitere zehn Jahre später und rechtzeitig vor der 125-Jahr-Feier. Wo im Raum Göttingen die Villa steht, in deren Garten unter hohen Bäumen das Gänseliesel sicher vortrefflich zur Geltung käme, wenn es da stehen dürfte, wird nicht verraten. Darum wurde ausdrücklich gebeten! Im Garten erkennt man, wenn man gezeigt bekommt, wo er steht, einzig den Steinsockel, wie er auch schon auf den Fotos aus dem Pfarrgarten zu sehen ist. Dann wird der Besuch in den verschlossenen Keller geführt. Links ein Holzverschlag, davor ein altes Küchenschränkchen, darauf ein Stück T-Träger und rostige Eisennägel. Rechts stapeln sich Pappkartons, Malerutensilien und Wertstoffsäcke. Ganz hinten unter dem Fenster, das auf Rasenhöhe in den Garten hinausgeht, steht etwas, das von einer alten Tischdecke verhüllt ist.

Wir ziehen die Decke ab – und da ist es: das Leipziger Gänseliesel. Zwischen den Flügeln der Gänse, zwischen den Schnäbeln der Gössel noch der Staub aus DDR-Zeiten, aus Schuppen und Keller. Ganz unten sogar Reste von den Ranken, die einst im Pfarrgarten um die Gänsefüße kletterten. Dass es das originale Gänseliesel ist, das Paul Nisse 1901 – oder war es doch schon 1900 oder 1899? – in Berlin von Fotograf Kemnitz ablichten ließ, kann man an der flachen Plinthe erkennen. Darauf deutlich zu sehen der in die Bronze gegossene Künstlername »Nisse«. Was fehlt, ist der Stempel der Druckerei. Das typische »Gies. Noack Friedenau« fehlt! Warum? Hatte Hermann Noack, der gerade einmal zwei, drei Jahre im Geschäft war, nicht allen Grund, mit Stolz seinen Stempel in die Bronze zu stanzen, noch dazu, wenn doch klar war, dass es bald einen zweiten Guss desselben Werkes, dann sogar im offiziellen Auftrag einer Stadt wie Göttingen, geben würde? Oder wurde diese Figur schon gegossen, noch ehe die 1897 gegründete Gießerei nach Friedenau umgezogen war? Das würde das Fehlen des ab dann genutzten Signets erklären. Der Umzug Noacks nach Friedenau fand Ende 1899 statt – das Leipziger Liesel wäre in dem Fall also nicht ein, sondern gar zwei Jahre älter als das Göttinger.

Noch einmal wird der Bronzegießer Hermann Noack (der dritte) mit der Frage konfrontiert, wie es sein kann, dass die Signatur fehlt. Das sei in jener Zeit schon mal passiert, aber heute nicht mehr aufzuklären. Geschäftsunterlagen vor 1907 gibt es nicht. Ab 1900 aber hätte dort eigentlich stets »Gies. Noack Friedenau« stehen müssen.

Da steht es also, das Mauerblümchen. Wir machen ein Foto, hüllen es wieder ein in die alte, schäbige Decke. Einige Kilometer weiter steht die jüngere Schwester im Mittelpunkt der Stadt, im Mittelpunkt unzähliger Doktorfeiern, ist alljährlich Namensgeberin eines Stadtfestes und wird 2026 Mittelpunkt der 125-Jahr-Feier sein. Es wird, wenn alles gut geht, eine Briefmarke für die Meistgeküsste gedruckt, und Playmobil wird ein Gänseliesel kreieren. Millionenfach sind Postkarten und Fotos von der einen in alle Welt gegangen, haben hunderttausende Studenten, abertausende junge Doktoren ihr einen Kuss aufgedrückt, sind Millionen von Fotos mit Abermillionen von Likes beantwortet worden. Für das Liesel im Keller war es, soweit wir wissen, erst das fünfte Foto in 125 Jahren. Und das erste Mal seit 1990, dass jemand die alte Decke lüftete.

Vom ersten Moment an vermenschlicht – Mauerblümchen bleibt ein Kellerkind

Kann man Mitleid mit einer Bronzefigur haben? Es ist doch nur ein Stück Metall – wenn auch in überaus liebreizender Gestalt. (Welch altmodische Formulierung, aber hier passt sie endlich einmal.)

Sie ist halt das Gänseliesel, das vom ersten Tag an vermenschlicht wurde. »Liebreizend« wurde schon ihr Modell genannt, als die Jury darüber urteilte. Die Zeitung hat ihre Schwester als »neue Mitbürgerin« begrüßt, Paul Nisse hat ihr sein privates Schicksal anvertraut und mit ihr seine Amerika-Träume verwirklicht, bis sie platzten. Die Göttinger Studenten haben das öffentlich bekannte der beiden Gänseliesel zu ihrem Schwarm gemacht und über 125 Jahre lang ihren Kuss begehrt, die Familien Rehwoldt und Colditz samt Nachfahren haben ihr Original wie ein uneheliches Stiefkind verborgen gehalten, ihr Kirchenasyl

Leipziger Gänseliesel aus dem Keller: Die letzten 35 Jahre hat das Nisse-Original in einem Schuppen und einem Keller in der Region Göttingen verbracht. Foto: Gückel

Erstguss ohne Gießereistempel und Entstehungsjahr: Das Leipziger Original auf der flachen Plinthe trägt einzig den Namen des Künstlers, nicht den der Gießerei. Foto: Gückel

verschafft und sie schließlich im Keller versteckt, Helga-Maria Kühn hat sie einen Brief schreiben lassen, und Renate Jahn hat sie zum älteren Zwilling im Dornröschenschlaf erklärt, der »nichts mit der leichtlebigen Göttinger Schwester« zu tun haben wolle. Ein vermenschlichtes Stück Metall also – schon immer.

Vom ersten Moment an vermenschlicht

Mauerblümchen und Publikumsliebling – Aschenputtel und Rampensau.

Was also soll werden aus dem ungeküssten Aschenbrödel?

Wenn sich denn, so sagen uns die Eigentümer, jemand fände, der das Leipziger Gänseliesel zu sich nähme und es vielleicht zurückbrächte nach Leipzig – Kunstliebhaber oder ein Verein etwa, die Stadt Leipzig oder die Kirchengemeinde –, dann würde man in der Familie sicher eine Mehrheit finden, das Kunstwerk herzugeben. Oder wenn man die beiden Originale zum Jubiläum doch zueinander finden ließe – vielleicht im Museum? Aber bis dahin bleibt das ältere der doppelten Lieschen ein Kellerkind und ihre Schwester eine Lichtgestalt.

Das sonnenblumengeschmückte Liesel. Foto: Stefan Rampfel

Quellenangaben

Günther Meinhardt, »Die Geschichte des Göttinger Gänseliesels«, Heinz Reise Verlag, Göttingen 1967.
Helga-Maria Kühn, »Vom Löwenbrunnen zum Gänseliesel«, Fremdenverkehrsverein Stadt Göttingen 1994.
Franz Walter/Teresa Nentwig (Hg.), »Das gekränkte Gänseliesel«, hier: »Sire, geben Sie Kussfreiheit!« Von Stine Marg und Karin Schweinebraten, Vandenhoeck & Ruprecht, Göttingen 2016.
Kreuzberger Chronik, Ausgabe 192, September 2017, »So schwer war die Antwort nicht«, Interview mit Brigitte Nisse.
Nataly von Eschstruth, »Gänseliesel«, Roman, 1885, Verlag Paul List, Leipzig.
Sabine Lebensieg, »Das Märchen vom Gänseliesel«, Buchverlag Göttinger Tageblatt 2002.
Hermann Noack, »125 Jahre Bildgießerei Noack«, Distanz-Verlag, 2022, Berlin.

Archive

Stadtarchiv Göttingen:
Acta »Gründung eines Fonds zur Errichtung eines neuen Marktbrunnens«
Acta »Besondere Verhandlungen über Marktbrunnenentwurf ›Gänsemädel‹ von Stöckhardt und Nisse«
Zeitungsarchiv des Göttinger Tageblattes, Göttingen
Archiv Städtisches Museum Göttingen
Nachlass Paul Nisse, Familienarchiv Corinna Nisse, Berlin
Museum der bildenden Künste Leipzig
Archiv des Leipziger Kunstvereins
Archiv Kunsthalle Hamburg
Stiftung Ernst Barlach, Güstrow
Stadtarchiv Leipzig
Sächsisches Staatsarchiv, Leipzig
Gemeinde Mörsdorf, VG Hermsdorf, Thüringen

Danksagung

Mein herzlicher Dank gilt dem Stadtarchiv, den Mitarbeitern des Städtischen Museums Göttingen und den früheren Kollegen des Göttinger Tageblattes, die mich bei der mehrjährigen Recherche für dieses Buch unterstützt haben, sowie allen, die beim Entziffern vieler mehr als 125 Jahre alter handschriftlicher Briefe mithalfen. Als in mehrfacher Hinsicht wichtiger Quelle bin ich Dr. Helga-Maria Kühn zu ganz besonderem Dank verpflichtet, da sie sowohl als ehemalige Gänseliesel-Biografin, als auch aus familiärem Wissen entscheidende Beiträge leisten konnte. Ohne die freundliche Bereitschaft der Nachkommen der Eigentümer-Familie Colditz sowie der beiden Enkeltöchter des Künstlers Paul Nisse, denen ich besonders danke, wäre dieses Buch in seiner jetzigen Form jedoch nicht zu realisieren gewesen. Danke!

Jürgen Gückel